Forty-two great songs arranged for voice & piano.

LEGENDS OF FRENCH S

With chord symbols & original French Lyrics.

GEORGES BRASSENS

WISE PUBLICATIONS

London / New York / Paris / Sydney / Copenhagen / Madrid

Exclusive Distributors:
Music Sales Limited
8/9 Frith Street, London W1V 5TZ, *England.*
Music Sales Pty Limited
120 *Rothschild Avenue, Rosebery,* NSW 2018, *Australia.*

Order No. AM90994
ISBN 0-7119-3318-9

Book design & art direction by Michael Bell Design.
Cover illustration by Jeff Fisher.
Compiled by Peter Evans.
Music processed by MSS *Studios.*

LEGENDS OF FRENCH SONG

Your Guarantee of Quality:
As publishers, we strive to produce every book to the highest commercial standards.
The music has been freshly engraved and the book has been carefully designed to minimise awkward page turns and to make playing from it a real pleasure.
Particular care has been given to specifying acid-free, neutral-sized paper which has not been chlorine bleached but produced with special regard for the environment.
Throughout, the printing and binding have been planned to ensure a sturdy, attractive publication which should give years of enjoyment.
If your copy fails to meet our high standards, please inform us and we will gladly replace it.

Printed in the United Kingdom by
Redwood Books *Limited, Trowbridge, Wiltshire.*

LEGENDS OF FRENCH SONG

Une Jolie Fleur (Dans Une Peau D'Vache)

Paroles et Musique de Georges Brassens

A7 D
ne peau d'va - che, Un' jo - li' vach' dé - gui - sée en fleur, Qui fait la belle et qui
1.2. 3.
B7 E7 A7 D D
vous at - ta - che, Puis, qui vous mèn' par le bout du cœur... bout du cœur...
Couplet
D A7
4. Puis un jour elle a pris la clef des champs En me lais - sant à l'âme un
5. J'lui en ai bien vou - lu mais, à pré - sent, J'ai plus d'ran - cune et mon cœur
D D7 G
mal fu - nes - te, Et tou - tes les her - bes de la Saint-Jean
lui par - don - ne D'a - voir mis mon cœur à feu et à sang

1. Jamais sur terre il n'y eut d'amoureux
Plus aveugle que moi dans tous les âges,
Mais faut dir' qu' je m'étais crevé les yeux
En regardant de trop près son corsage...

Refrain
Un' joli' fleur dans une peau d' vache,
Un' joli' vach' déguisée en fleur,
Qui fait la belle et qui vous attache,
Puis, qui vous mèn' par le bout du cœur...

2. Le ciel l'avait pourvu' des mille appas
Qui vous font prendre feu dès qu'on y touche,
L'en avait tant que je ne savais pas
Ne savais plus où donner de la bouche...
(au refrain)

3. Ell' n'avait pas de tête, ell' n'avait pas
L'esprit beaucoup plus grand qu'un dé à coudre,
Mais pour l'amour on ne demande pas
Aux filles d'avoir inventé la poudre...
(au refrain)

4. Puis un jour elle a pris la clef des champs
En me laissant à l'âme un mal funeste,
Et toutes les herbes de la Saint-Jean
N'ont pas pu me guérir de cette peste...

5. J' lui en ai bien voulu mais, à présent,
J'ai plus d' rancune et mon cœur lui pardonne
D'avoir mis mon cœur à feu et à sang
Pour qu'il ne puiss' plus servir à personne...
(au refrain)

Au Bois De Mon Cœur

Paroles et Musique de Georges Brassens

Dm
G7
Au fond d'ma cœur j'suis re - nom - mé, Au fond d'ma cœur j'suis re - nom -
C
Em C7 A7
mé, J'suis re - nom - mé Pour a - voir le cœur mal - fa -
1.2.3.
4.
Dm Am F7 E F7 E
mé, Le cœur mal fa - mé. re - ment.
Am D D♯dim E D
des pe - tit's fleurs

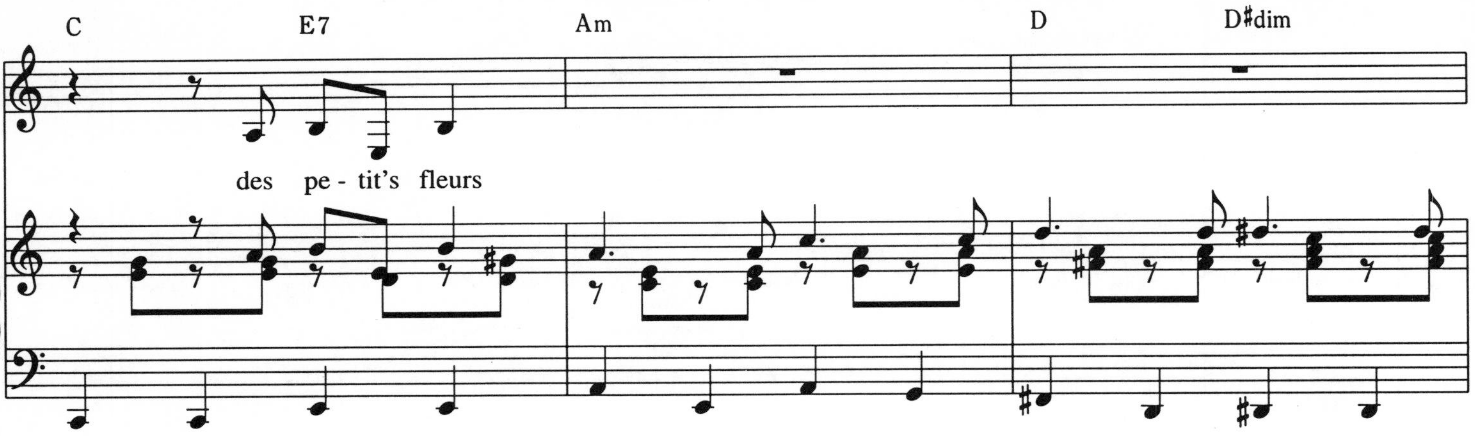

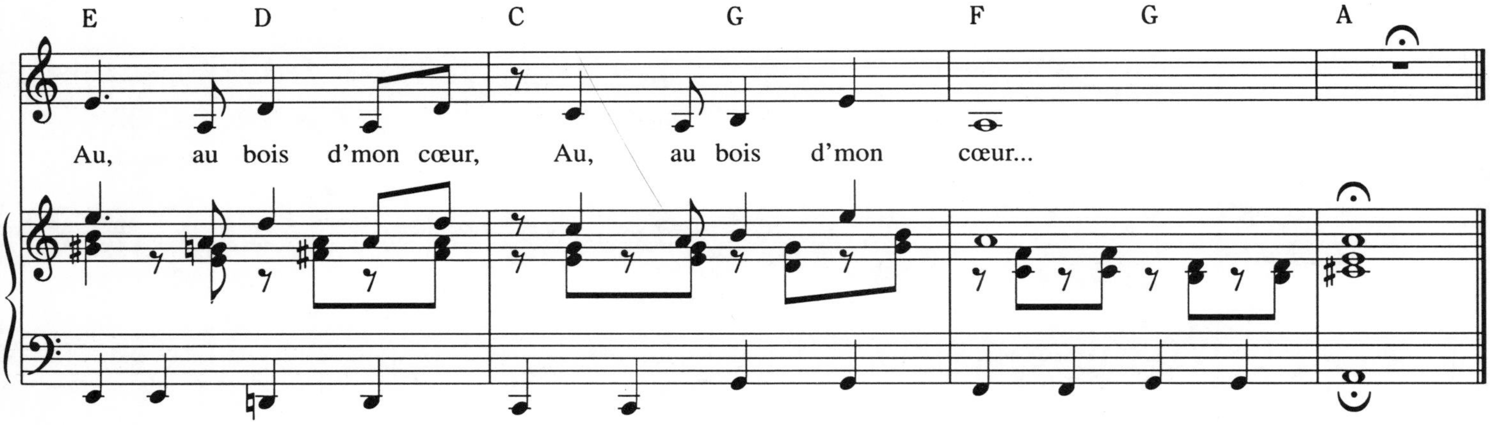

1. Au bois d'Clamart y'a des petit's fleurs,
Y'a des petit's fleurs,
Y'a des copains au, au bois d'mon cœur,
Au, au bois d'mon cœur.

Au fond d'ma cœur j'suis renommé, *(bis)*
J'suis renommé
Pour avoir le cœur mal famé,
Le cœur mal famé.

2. Au bois d'Vincenne' y'des petit's fleurs,
Y'a des petit's fleurs,
Y'a des copains au, au bois d'mon cœur,
Au, au bois d' mon cœur.

Quand y'a plus d'vin dans mon tonneau, *(bis)*
Dans mon tonneau,
Ils n'ont pas peur de boir' mon eau,
De boire mon eau.

3. Au bois d'Meudon y'a des petit's fleurs,
Y'a des petit's fleurs,
Y'a des copains au, au bois d'mon cœur,
Au, au bois d' mon cœur.

Ils m'accompagn'nt à la mairie, *(bis)*
A la mairie,
Chaque fois que je me marie,
Que je me marie.

4. Au bois d'Saint-Cloud y'a des petit's fleurs,
Y'a des petit's fleurs,
Y'a des copains au, au bois d'mon cœur,
Au, au bois d'mon cœur.

Chaqu' fois qu' je meurs fidèlement, *(bis)*
Fidèlement,
Ils suivent mon enterrement,
Mon enterrement.

...des petites fleurs... *(bis)*
Au, au bois d'mon cœur... *(bis)*

Auprès De Mon Arbre

Paroles et Musique de Georges Brassens

1.
2.
Bm F#7 Bm A7 Bm
Dont on fait n'im - por - te quoi Sauf, na - tu - rell' - ment, les flû - tes... Mon seul ar - bre
F#7 A7 D E7
Refrain
A
de No - ël, Mon mât de co - cagne! Au - près de mon ar - bre,
D A F#7
Je vi - vais heu - reux, J'au - rais ja - mais dû m'é - loi - gner de mon
Bm E7 A
ar - bre... Au - près de mon ar - bre, Je vi - vais heu - reux,

1. J'ai plaqué mon chêne
Comme un saligaud,
Mon copain le chêne,
Mon *alter ego,*
On était du même bois
Un peu rustique, un peu brut, (e),
Dont on fait n'importe quoi
Sauf, naturell'ment, les flûtes...
J'ai maint'nant des frênes,
Des arbres de Judée,
Tous de bonne graine,
De haute futaie...
Mais, toi, tu manque' à l'appel,
Ma vieill' branche de campagne,
Mon seul arbre de Noël,
Mon mât de cocagne !

Refrain
Auprès de mon arbre,
Je vivais heureux,
J'aurais jamais dû m'éloigner de mon arbre...
Auprès de mon arbre,
Je vivais heureux,
J'aurais jamais dû le quitter des yeux...

2. Je suis au pauv' type,
J'aurai plus de joie:
J'ai jeté ma pipe,
Ma vieill' pipe en bois,
Qui' avait fumé sans s' fâcher,
Sans jamais m' brûler la lippe,
L' tabac d' la vache enragée
Dans sa bonn' vieill' têt' de pipe...
J'ai des pip's d'écume
Orné's de fleurons,
De ces pip's qu'on fume
En levant le front,
Mais j'retrouv'rai plus, ma foi,
Dans mon cœur ni sur ma lippe,
Le goût d' ma vieill' pip' en bois,
Sacré nom d'un' pipe!

3. Le surnom d'infâme
Me va comme un gant:
D'avecque ma femme
J'ai foutu le camp,
Parc' que, depuis tant d'anné's,
C'était pas un' sinécure
De lui voir tout l' temps le nez
Au milieu de la figure...
Je bats la campagne
Pour dénicher la
Nouvelle compagne
Valant celle-là,
Qui, bien sûr, laissait beaucoup
Trop de pierr's dans les lentilles,
Mais se pendait à mon cou
Quand j' perdais mes billes!

4. J'avais un' mansarde
Pour tout logement,
Avec des lézardes
Sur le firmament,
Je l' savais par cœur depuis
Et, pour un baiser la course,
J'emmenais mes bell's de nuit
Faire un tour sur la grande Ourse...
J'habit' plus d' mansarde,
Il peut désormais
Tomber des hall'bardes,
Je m'en bats l'œil mais,
Mais si quelqu'un monte aux cieux
Moins que moi, j'y pai' des prunes:
Y' a cent sept ans, qui dit mieux,
Qu' j'ai pas vu la lune!

Ballade Des Dames Du Temps Jadis

Musique de Georges Brassens
Poème de Francois Villon

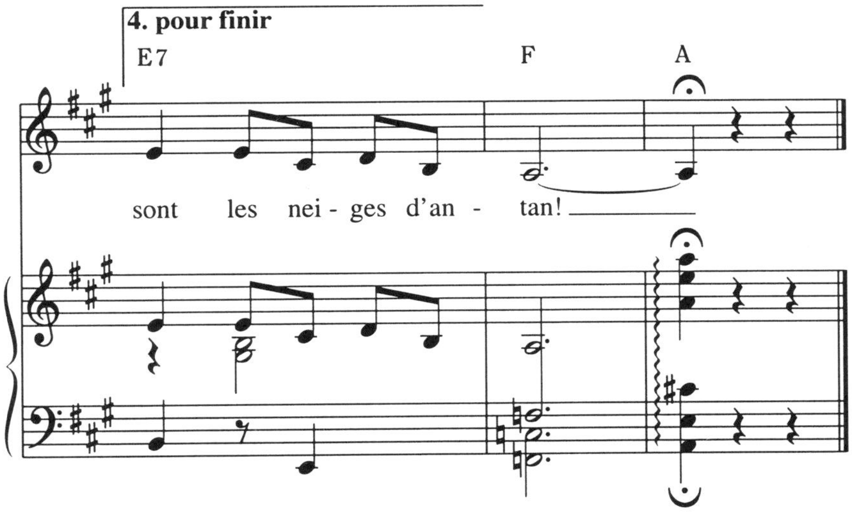

1. Dictes-moy où, n'en quel pays,
Est Flora, la belle Romaine;
Archipiada, ne Thaïs,
Qui fut sa cousine germaine;
Echo, parlant quand bruyt on maine
Dessus rivière ou sus estan,
Qui beaute eut trop plus qu'humaine? } *bis*
Mais où sont les neiges d'antan!

2. Où est la très sage Heloïs,
Pour qui chastré fut et puis moyne
Pierre Esbaillart à Sainct-Denys?
Pour son amour eut cest essoyne.
Semblablement, où est la royne
Qui commanda que Buridan
Fust gecté en ung sac en Seine? } *bis*
Mais ou sont les neiges d'antan!

3. La royne Blanche comme ung lys,
Qui chantoit à voix de sereine,
Berthe au grand pied, Bietris, Allys;
Harembourges, qui tint le Mayne,
Et Jehanne, la bonne Lorraine,
Qu'Anglois bruslèrent à Rouen;
Où sont-ils, Vierge souveraine? ... } *bis*
Mais où sont les neiges d'antan!

8 mesures piano solo

Prince, n'enquerez de sepmaine
Où elles sont, ne de cest an,
Que ce refrain ne vous remaine: } *bis*
Mais où sont les neiges d'antan !

Bécassine

Paroles et Musique de Georges Brassens

D
B7
tort.
Tous les sei - gneurs du voi - si - nage,
Em
Les gros bon - nets, grands per - son - nages,
A7
D
Rê - vaient de joindre à leur bla - son
Bm
G
E
U - ne bou - cle de sa toi - son.

F#7
Bm
A7
D
F#m
Un champ de blé pre-nait ra - cine Sous la coif - fe de Bé - cas -
1 à 5
6.
Bm
Bm
B7
sine.
pas.
C'est u - ne
sor - te de ma - nant,
Un a - mou - reux du tout - ve -
Em
A7
D
nant
Qui pour - ra chan - ter la chan - son

Bm G E
— Du temps des c'ris's en tout' sai - son
F♯7 Bm A7 D F♯m
Et jus - qu'à l'heu - re du tré - pas, Si le dia - ble s'en mê - le
Bm F♯m Bm F♯m
pas.
Bm F♯m Bm F♯m Bm

1. Un champ de blé prenait racine
Sous la coiffe de Bécassine,
Ceux qui cherchaient la toison d'or
Ailleurs avaient bigrement tort.
Tous les seigneurs du voisinage,
Les gros bonnets, grands personnages,
Rêvaient de joindre à leur blason
Une boucle de sa toison.
Un champ de blé prenait racine
Sous la coiffe de Bécassine.

2. C'est une espèce de robin,
N'ayant pas l'ombre d'un lopin,
Qu'elle laissa pendre, vainqueur,
Au bout de ses accroche-cœurs
C'est une sorte de manant,
Un amoureux du tout-venant
Qui pourra chanter la chanson
Des blés d'or en toute saison
Et jusqu'à l'heure du trépas,
Si le diable s'en mêle pas.

3. Au fond des yeux de Bécassine
Deux pervenches prenaient racine,
Si belles que Sémiramis
Ne s'en est jamais bien remis'.
Et les grands noms à majuscules,
Les Cupidons à particules
Auraient cédé tous leurs acquêts
En échange de ce bouquet
Au fond des yeux de Bécassine
Deux pervenches prenaient racine.

4. C'est une espèce de gredin,
N'ayant pas l'ombre d'un jardin,
Un soupirant de rien du tout
Qui lui fit faire les yeux doux.
C'est une sorte de manant,
Un amoureux du tout-venant
Qui pourra chanter la chanson
Des fleurs bleu's en toute saison
Et jusqu'à l'heure du trépas,
Si le diable s'en mêle pas.

5. A sa bouche, deux belles guignes,
Deux cerises tout à fait dignes,
Tout à fait dignes du panier
De madame de Sévigné.
Les hobereaux, les gentillâtres,
Tombés tous fous d'elle, idolâtres,
Auraient bien mis leur bourse à plat
Pour s'offrir ces deux guignes-là,
Tout à fait dignes du panier
De madame de Sévigné.

6. C'est une espèce d'étranger,
N'ayant pas l'ombre d'un verger,
Qui fit s'ouvrir, qui étrenna
Ses joli's lèvres incarnat.
C'est une sorte de manant,
Un amoureux du tout-venant
Qui pourra chanter la chanson
Du temps des c'ris's en tout' saison
Et jusqu'à l'heure du trépas,
Si le diable s'en mêle pas.

7. C'est une sorte de manant,
Un amoureux du tout-venant
Qui pourrra chanter la chanson
Du temps des c'ris's en tout' saison
Et jusqu'à l'heure du trépas,
Si le diable s'en mêle pas.

Brave Margot

Paroles et Musique de Georges Brassens

D
Bm
ret - te Et le cou - che con - tre son sein. C'é - tait tout c'qu'elle a - vait, pau -
Em
A7
D
Bm
vret - te, Comm' cous - sin... Le chat, la pre - nant pour sa
F♯m
Bm
F♯m
Bm
mè - re, Se mit à té - ter tout de go. E - mu', Mar - got le lais - sa
F♯m
Bm
fai - re... Brav' Mar - got! Un cro - quant, pas - sant à la

F♯m Bm F♯m Bm
ron - de, Trou - vant le tab - leau peu com - mun, S'en al - la le dire à tout
F♯m E7 A7 Refrain A7
l'monde, Et le len - de - main... Quand Mar - got dé - gra -
- got, qu'é - tait
fait son cor - sa - ge Pour don - ner la gou -
simple et très sa - ge, Pré - su - mait qu' c'é - tait
D
Ddim D
goutte à son chat, Tous les gars, tous les
pour voir son chat, Qu' tous les gars, qu' tous les

B7 E7 A7
gars du vil - la - ge, E - taient là, la la la la la
gars du vil - la - ge, E - taient là, la la la la la
3e fois al Coda
1.
B♭7 D
2.
B♭7
la... E - taient là, la la la la la la... Et Mar - là, la la la la la
la... E - taient
Coda
D
D.S. al Coda
2. L'maî - tre
B♭7 D
là, la la la la la la... E - taient
B♭7 D A7 D
là, la la la la la la la la la la

1. Margoton, la jeune bergère,
Trouvant dans l'herbe un petit chat
Qui venait de perdre sa mère,
L'adopta...
Elle entrouvre sa collerette
Et le couche contre son sein.
C'était tout c' qu'elle avait, pauvrette,
Comm' coussin...
Le chat, la prenant pour sa mère,
Se mit à téter tout de go.
Emu', Margot le laissa faire...
Brav' Margot!
Un croquant, passant à la ronde,
Trouvant le tableau peu commun,
S'en alla le dire à tout l' monde,
Et, le lendemain...

Refrain

2. Quand Margot dégrafait son corsage
Pour donner la gougoutte à son chat,
Tous les gars, tous les gars du village,
Etaient là, la la la la la la...
Etaient là, la la la la la...
Et Margot, qu'était simple et très sage,
Présumait qu' c'était pour voir son chat
Qu' tous les gars, qu' tous les gars du village,
Etaient là, la la la la la la...
Etaient là, la la la la la...

3. L' maître d'école et ses potaches,
Le mair', le bedeau, le bougnat,
Négligeaient carrément leur tâche
Pour voir ça...
Le facteur, d'ordinair' si preste,
Pour voir ça, ne distribuait plus
Les lettres que personne, au reste,
N'aurait lues...
Pour voir ça (Dieu le leur pardonne!)
Les enfants de chœur, au milieu
Du saint sacrifice, abandonnent
Le saint lieu...
Les gendarmes, mêm' les gendarmes,
Qui sont par natur' si ballots,
Se laissaient toucher par les charmes
Du joli tableau... *(au refrain)*

4. Mais les autr's femm's de la commune,
Privé's d' leurs époux, d' leurs galants,
Accumulèrent la rancune,
Patiemment...
Puis un jour, ivres de colère,
Elles s'armèrent de bâtons
Et, farouch's, elles immolèrent
Le chaton...
La bergère, après bien des larmes,
Pour s' consoler prit un mari,
Et ne dévoila plus ses charmes
Que pour lui...
Le temps passa sur les mémoires,
On oublia l'événement,
Seuls des vieux racontent encore
A leurs p'tits enfants... *(au refrain)*

Chanson Pour L'Auvergnat

Paroles et Musique de Georges Brassens

1.
2.
Bm A7 D F♯7
bois Quand, dans ma vie, il fai - sait froid,
nés, M'a - vaient fer - mé la porte au
D D G A7
nez. Ce n'é - tait rien qu'un feu de
D Bm Em F♯7 Bm
bois, Mais il m'a - vait chauf - fé le corps,
F♯7 Bm G
Et dans mon âme il brûle en - cor' A la ma - nièr'

F♯7 Bm
d'un feu de joi'. Toi, l'Au - ver - gnat, quand
F♯7 Bm
tu mour - ras, Quand le croqu' - mort t'em - por - te -
E7 A
ra, Qu'il te con - duise, à tra - vers ciel,
1.2. D.S. 3.
G F♯7 Bm F♯7 Bm
Au Père é - ter - nel.

1. Elle est à toi, cette chanson,
Toi, l'Auvergnat qui, sans façon,
M'as donné quatre bouts de bois
Quand, dans ma vie, il faisait froid,
Toi qui m'as donné du feu quand
Les croquantes et les croquants,
Tous les gens bien intentionnés,
M'avaient fermé la porte au nez...
Ce n'était rien qu'un feu de bois,
Mais il m'avait chauffé le corps,
Et dans mon âme il brûle encor'
A la manièr' d'un feu de joi'.

Toi, l'Auvergnat, quand tu mourras,
Quand le croqu'-mort t'emportera,
Qu'il te conduise, à travers ciel,
Au Père éternel.

2. Elle est à toi, cette chanson,
Toi, l'Hôtesse qui, sans façon,
M'as donné quatre bouts de pain
Quand, dans ma vie, il faisait faim,
Toi qui m'ouvris ta huche quand
Les croquantes et les croquants,
Tous les gens bien intentionnés,
S'amusaient à me voir jeûner...
Ce n'était rien qu'un peu de pain,
Mais il m'avait chauffé le corps,
Et dans mon âme il brûle encor'
A la manièr' d'un grand festin.

Toi, l'Hôtesse, quand tu mourras,
Quand le croqu'-mort t'emportera,
Qu'il te conduise, à travers ciel,
Au Père éternel.

3. Elle est à toi, cette chanson,
Toi, l'Etranger qui, sans façon,
D'un air malheureux m'as souri
Lorsque les gendarmes m'ont pris,
Toi qui n'as pas applaudi quand
Les croquantes et les croquants
Tous les gens bien intentionnés,
Riaient de me voir amené...
Ce n'était rien qu'un peu de miel,
Mais il m'avait chauffé le corps,
Et dans mon âme il brûle encor'
A la manièr' d'un grand soleil.

Toi, l'Etranger, quand tu mourras,
Quand le croqu'-mort t'emportera
Qu'il te conduise, à travers ciel,
Au Père éternel.

Cupidon S'En Fout

Paroles et Musique de Georges Brassens

D7 E7
coup, Mais, ce jour-là, Vénus était dis - trai - te,
Am G7 C
Il est des jours où Cu - pi - don s'en fout, Il est
B♭ E7 Am F G
des jours où Cu - pi - don s'en fout.
1 à 6
7. pour finir
C D E7 Am C
2. Des jours

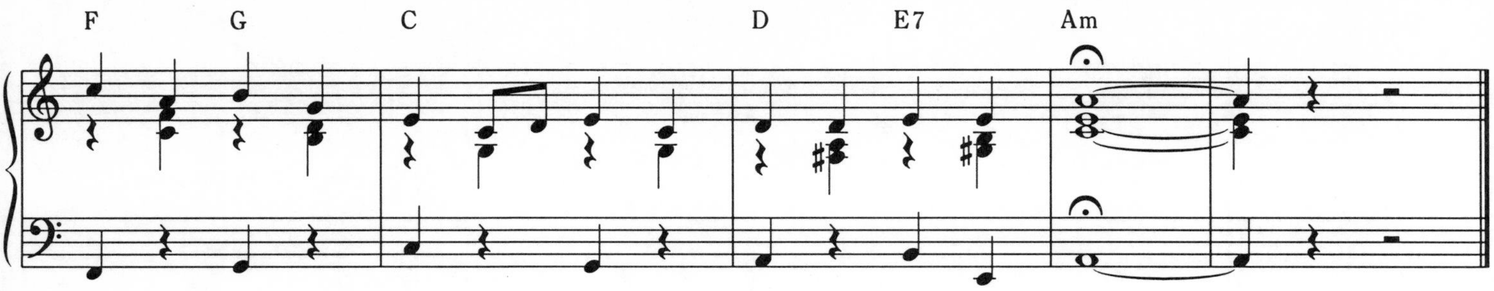

1. Pour changer en amour notre amourette,
Il s'en serait pas fallu de beaucoup,
Mais, ce jour-là, Vénus était distraite,
Il est des jours où Cupidon s'en fout. *(bis)*

2. Des jours où il joue les mouches du coche,
Où, elles sont émoussées dans le bout,
Les flèches courtoises qu'il nous décoche,
Il est des jours où Cupidon s'en fout. *(bis)*

3. Se consacrant à d'autres imbéciles,
Il n'eut pas l'heur de s'occuper de nous,
Avec son arc et tous ses ustensiles,
Il est des jours où Cupidon s'en fout. *(bis)*

4. On a tenté sans lui d'ouvrir la fête,
Sur l'herbe tendre, on s'est roulés, mais vous
Avez perdu la vertu, pas la tête,
Il est des jours où Cupidon s'en fout. *(bis)*

5. Si vous m'avez donné toute licence,
Le cœur, hélas, n'était pas dans le coup;
Le feu sacré brillait par son absence,
Il est des jours où Cupidon s'en fout. *(bis)*

6. On effeuilla vingt fois la marguerite,
Elle tomba vingt fois sur "pas du tout".
Et notre pauvre idylle a fait faillite,
Il est des jours où Cupidon s'en fout. *(bis)*

7. Quand vous irez au bois conter fleurette,
Jeunes galants, le ciel soit avec vous.
Je n'eus pas cette chance et le regrette,
Il est des jours où Cupidon s'en fout. *(bis)*

Fernande

Paroles et Musique de Georges Brassens

Refrain
A F♯7 Bm E7 Edim A A7
je pense à Fer - nan - de, Je ban - de, je ban - de, Quand j'pense à Fé - li -
D A A7
ci', Je bande aus - si, Quand j'pense à Lé - o -
D E7 G♯dim/B♯ A C♯7
no - re, Mon Dieu, je bande en - co - re, Mais quand j'pense à Lu -
F♯m E7 F♯7 C♯7
lu, Là, je ne ban - de plus. La ban - dai - son, pa -

1. Une mani' de vieux garçon,
Moi, j'ai pris l'habitude
D'agrémenter ma solitude
Aux accents de cette chanson:

Refrain
Quand je pense à Fernande,
Je bande, je bande,
Quand j' pense à Félici',
Je bande aussi,
Quand j' pense à Léonore,
Mon Dieu, je bande encore,
Mais quand j' pense à Lulu,
Là, je ne bande plus.
La bandaison, papa,
Ça n' se commande pas.

2. C'est cette mâle ritournelle,
Cette antienne virile,
Qui retentit dans la guérite
De la vaillante sentinelle:
(au refrain)

3. Afin de tromper son cafard,
De voir la vi' moins terne,
Tout en veillant sur sa lanterne,
Chante ainsi le gardien de phar':
(au refrain)

4. Apres la prière du soir,
Comme il est un peu triste
Chante ainsi le séminariste
A genoux sur son reposoir:
(au refrain)

5. A l'Etoile, où j'étais venu
Pour ranimer la flamme,
J'entendis, ému jusqu'aux larmes,
La voix du Soldat inconnu:
(au refrain)

6. Et je vais mettre un point final
A ce chant salutaire,
En suggérant aux solitaires
D'en faire un hymne national.
(au refrain)

Dans L'Eau De La Claire Fontaine

Paroles et Musique de Georges Brassens

1. Dans l'eau de la claire fontaine
Elle se baignait toute nue.
Une saute de vent soudaine
Jeta ses habits dans les nues.

2. En détresse, ellè me fit signe,
Pour la vêtir, d'aller chercher
Des monceaux de feuilles de vigne,
Fleurs de lis ou fleurs d'oranger.

3. Avec des pétales de roses,
Un bout de corsage lui fis.
La belle n'était pas bien grosse:
Une seule rose a suffi.

4. Avec le pampre de la vigne,
Un bout de cotillon lui fis.
Mais la belle était si petite
Qu'une seule feuille a suffi.

5. Ell' me tendit ses bras, ses lèvres,
Comme pour me remercier...
Je les pris avec tant de fièvre
Qu'ell' fut toute déshabillée.

6. Le jeu dut plaire à l'ingénue,
Car à la fontaine, souvent,
Ell' s'alla baigner toute nue
En priant Dieu qu'il fît du vent,
Qu'il fît du vent...

Don Juan

Paroles et Musique de Georges Brassens

1. Gloire à qui freine à mort de peur d'écrabouiller
Le hérisson perdu, le crapaud fourvoyé,
Et gloire à don Juan, d'avoir un jour souri
A celle à qui les autres n'attachaient aucun prix!
Cette fille est trop vilaine, il me la faut.

2. Gloire au flic qui barrait le passage aux autos
Pour laisser traverser les chats de Léautaud!
Et gloire à don Juan d'avoir pris rendez-vous,
Avec la délaissée que l'amour désavoue.
Cette fille est trop vilaine, il me la faut.

3. Gloire au premier venu qui passe et qui se tait
Quand la canaille crie "haro sur le baudet"!
Et gloire à don Juan pour ses galants discours,
A celle à qui les autres faisaient jamais la cour.
Cette fille est trop vilaine, il me la faut.

4. Et gloire à ce curé sauvant son ennemi
Lors du massacre de la Saint-Barthélémy!
Et gloire à don Juan qui couvrit de baisers
La fille que les autres refusaient d'embrasser.
Cette fille est trop vilaine, il me la faut.

5. Et gloire à ce soldat qui jeta son fusil
Plutôt que d'achever l'otage à sa merci!
Et gloire à don Juan d'avoir osé trousser
Celle dont le jupon restait toujours baissé.
Cette fille est trop vilaine, il me la faut.

6. Gloire à la bonne sœur qui, par temps pas très chaud,
Dégela dans sa main le pénis du manchot!
Et gloire à don Juan qui fit reluire un soir
Ce cul déshérité ne sachant que s'asseoir!
Cette fille est trop vilaine, il me la faut.

7. Gloire à qui n'ayant pas d'idéal sacro-saint,
Se borne à ne pas trop emmerder ses voisins!
Et gloire à don Juan qui rendit femme celle
Qui, sans lui, quelle horreur! serait morte pucelle!
Cette fille est trop vilaine, il me la faut.

Histoire De Faussaire

Paroles et Musique de Georges Brassens

D7
G
que comme il se doit. Au bout d'une al - lée de faux
Gm
F♯7
Bm
buis, On a - per - ce - vait un faux puits Du
E7
A7
To Coda
D
1.2.3.4.
fond du - quel la vé - ri - té N'a - vait ja - mais dû re - mon - ter.
5.
C7
F
6. La seu - le chose un peu sin - cère Dans cette his -

A7
Dm
toi - re de faus - saire
Et con - tre la - quelle il ne
F7
faut
Peut - ê - tre pas s'ins - crire en faux,
B♭
B♭m
A7
C'est mon pen - chant pour elle et mon
Gros point du cô - té du pou - mon
Dm
G7
C7
Quand a - mou - reuse el - le tom - ba D'un vrai mar - quis de Ca - ra -

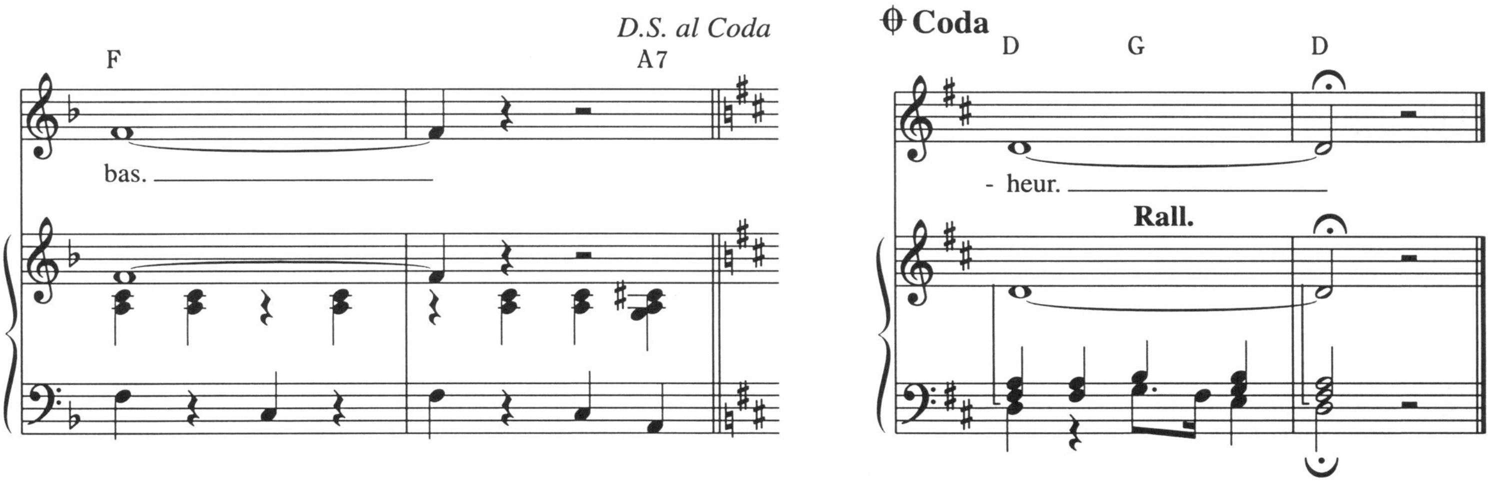

1. Se découpant sur champ d'azur
La ferme était fausse bien sûr,
Et le chaume servant de toit
Synthétique comme il se doit.
Au bout d'une allée de faux buis,
On apercevait un faux puits
Du fond duquel la vérité
N'avait jamais dû remonter.

2. Et la maîtresse de céans
Dans un habit, ma foi, seyant
De fermière de comédie
A ma rencontre descendit,
Et mon petit bouquet, soudain,
Parut terne dans ce jardin
Près des massifs de fausses fleurs
Offrant les plus vives couleurs.

3. Ayant foulé le faux gazon,
Je la suivis dans la maison
Où brillait sans se consumer
Un genre de feu sans fumée.
Face au faux buffet Henri deux,
Alignés sur les rayons de
La bibliothèque en faux bois,
Faux bouquins achetés au poids.

4. Faux Aubusson, fausses armures,
Faux tableaux de maîtres au mur,
Fausses perles et faux bijoux,
Faux grains de beauté sur les joues,
Faux ongles au bout des menottes,
Piano jouant des fausses notes
Avec des touches ne devant
Pas leur ivoire aux éléphants.

5. Aux lueurs des fausses chandelles
Enlevant ses fausses dentelles,
Elle a dit, mais ce n'était pas
Sûr: tu es mon premier faux pas.
Fausse vierge, fausse pudeur,
Fausse fièvre, simulateurs,
Ces anges artificiels
Venus d'un faux septième ciel.

6. La seule chose un peu sincère
Dans cette histoire de faussaire
Et contre laquelle il ne faut
Peut-être pas s'inscrire en faux,
C'est mon penchant pour elle et mon
Gros point du côté du poumon
Quand amoureuse elle tomba
D'un vrai marquis de Carabas.

7. En l'occurrence Cupidon
Se conduisit en faux-jeton,
En véritable faux-témoin,
Et Vénus aussi, néanmoins
Ce seráit sans doute mentir
Par omission de ne pas dire
Que je leur dois quand même une heure
Authentique de vrai bonheur.

Il N'Y A Pas D'Amour Heureux

Musique de Georges Brassens
Poème de Louis Aragon

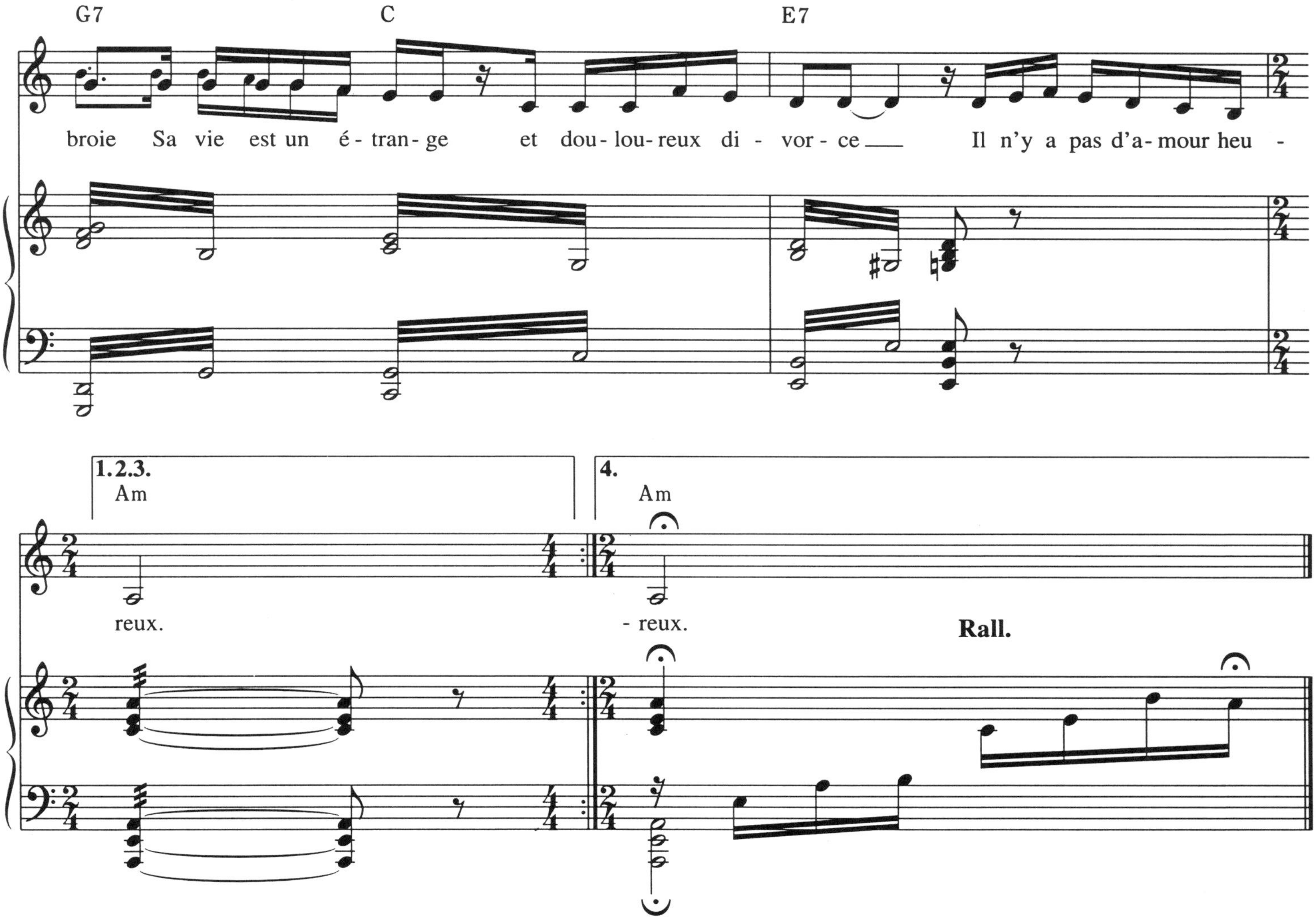

1. Rien n'est jamais acquis à l'homme Ni sa force
Ni sa faiblesse ni son cœur Et quand il croit
Ouvrir ses bras son ombre est celle d'une croix
Et quand il veut serrer son bonheur il le broie
Sa vie est un étrange et douloureux divorce
Il n'y a pas d'amour heureux.

2. Sa vie Elle ressemble à ces soldats sans armes
Qu'on avait habillés pour un autre destin
A quoi peut leur servir de se lever matin
Eux qu'on retrouve au soir désœuvrés incertains
Dites ces mots Ma vie Et retenez vos larmes
Il n'y a pas d'amour heureux.

3. Mon bel amour mon cher amour ma déchirure
Je te porte dans moi comme un oiseau blessé
Et ceux-là sans savoir nous regardent passer
Répétant après moi les mots que j'ai tressés
Et qui pour tes grands yeux tout aussitôt moururent
Il n'y a pas d'amour heureux.

4. Le temps d'apprendre à vivre il est déjà trop tard
Que pleurent dans la nuit nos cœurs à l'unisson
Ce qu'il faut de malheur pour la moindre chanson
Ce qu'il faut de regrets pour payer un frisson
Ce qu'il faut de sanglots pour un air de guitare
Il n'y a pas d'amour heureux.

J'Ai Rendez-Vous Avec Vous

Paroles et Musique de Georges Brassens

Bm
F♯7
J'ai ren - dez - vous a - vec vous! La lu - mièr'
Bm
F♯7
que je pré - fé - re, C'est cell' de
Bm
F♯7
vos yeux ja - loux, Tout le res -
Bm
E7
tant m'in - dif - fè - re, J'ai ren - dez -

1. Monseigneur l'astre solaire,
Comm' je n' l'admir' pas beaucoup,
M'enlèv' son feu, oui mais, d' son feu, moi j' m'en fous,
J'ai rendez-vous avec vous!
La lumièr' que je préfère,
C'est cell' de vos yeux jaloux,
Tout le restant m'indiffère,
J'ai rendez-vous avec vous!

2. Monsieur mon propriétaire,
Comm' je lui dévaste tout,
M' chass' de son toit, oui mais, d' son toit, moi j' m'en fous,
J'ai rendez-vous avec vous!
La demeur' que je préfère,
C'est votre robe à froufrous,
Tout le restant m'indiffère,
J'ai rendez-vous avec vous!

3. Madame ma gargotière,
Comm' je lui dois trop de sous,
M' chass' de sa tabl', oui mais, d' sa tabl', moi j' m'en fous,
J'ai rendez-vous avec vous!
Le menu que je préfère,
C'est la chair de votre cou,
Tout le restant m'indiffère,
J'ai rendez-vous avec vous!

4. Sa Majesté financière,
Comm' je n' fais rien à son goût,
Garde son or, or, de son or, moi j' m'en fous,
J'ai rendez-vous avec vous!
La fortun' que je préfère,
C'est votre cœur d'amadou,
Tout le restant m'indiffère,
J'ai rendez-vous avec vous!

Je Rejoindrai Ma Belle

Paroles et Musique de Georges Brassens

C♯7 F♯7 B7 Em A7
ger, Au mé - pris du dan - ger, Et nul n'y pour - ra
4e fois al Coda
D F♯7 Bm B7 E7
rien chan - ger. Tom - bant du haut des nues, La
A7 D7 G F♯7
bour - rasque est ve - nue Souf - fler des - sus la pas - se -
Bm Bm E7
rel - le, Tom - bant du haut des nues, La

1. A l'heure du berger
Au mépris du danger,
J' prendrai la passerelle
Pour rejoindre ma belle,
A l'heure du berger,
Au mépris du danger,
Et nul n'y pourra rien changer.

Tombant du haut des nues,
La bourrasque est venue
Souffler dessus la passerelle,
Tombant du haut des nues,
La bourrasque est venue,
Les passerelle', il y'en a plus.

2. Si les vents ont cru bon
De me couper les ponts,
J' prendrai la balancelle
Pour rejoindre ma belle,
Si les vents ont cru bon
De me couper les ponts,
J'embarquerai dans l'entrepont.

Tombant du haut des nu's,
Les marins sont venus
Lever l'ancre à la balancelle,
Tombant du haut des nu's,
Les marins sont venus,
Des balancelle', il y'en a plus.

3. Si les forbans des eaux
Ont volé mes vaisseaux,
Y me pouss'ra des ailes
Pour rejoindre ma belle,
Si les forbans des eaux
Ont volé mes vaisseaux,
J' prendrai le chemin des oiseaux.

Les chasseurs à l'affût
Te tireront dessus,
Adieu la plume! adieu les ailes!
Les chasseurs à l'affût
Te tireront dessus,
De tes amours, y' en aura plus.

4. Si c'est mon triste lot
De faire un trou dans l'eau,
Racontez à la belle
Que je suis mort fidèle,
Et qu'ell' daigne à son tour
Attendre quelques jours
Pour filer de nouvell's amours.

Je Me Suis Fait Tout Petit

Paroles et Musique de Georges Brassens

Couplet
Bm Em Em6 F#7
1. Je n'a-vais ja-mais ô-té mon cha-peau Devant per-
Bm Em F#7
son-ne... Main-te-nant je rampe et je fais le beau
G7 F#7 Bm B7
Quand ell' me son-ne. J'é-tais chien mé-chant... ell'
Em Em6 F#7 Bm
me fait man-ger Dans sa me-not-te.

Em F#7 G7 F#7
J'a - vais des dents d'loup... je les ai chan - gées, Pour des que -
Bm
not - tes!
Refrain
Je m'suis fait tout p'tit de - vant un' pou - pée Qui ferm' les
C#7 F#7
Bm A7 D F#7 Bm
yeux quand on la cou - che, Je m'suis fait tout p'tit de - vant
C#7 F#7 Bm D G7 F#7
1.2.3.
Bm
un' pou - pée Qui fait "ma - man" quand on la tou - che.

1. Je n'avais jamais ôté mon chapeau
Devant personne...
Maintenant je rampe et je fais le beau
Quand ell' me sonne.
J'étais chien méchant... ell' me fait manger
Dans sa menotte.
J'avais des dents d' loup... je les ai changées
Pour des quenottes!

Refrain
Je m' suis fait tout p'tit devant un' poupée
Qui ferm' les yeux quand on la couche,
Je m' suis fait tout p'tit devant un' poupée
Qui fait "maman" quand on la touche.

2. J'étais dur à cuire.. ell' m'a converti,
La fine mouche,
Et je suis tombé, tout chaud, tout rôti,
Contre sa bouche
Qui' a des dents de lait quand elle sourit,
Quand elle chante,
Et des dents de loup quand elle est furi',
Qu'elle est méchante.

3. Je subis sa loi, je file tout doux
Sous son empire,
Bien qu'ell' soit jalouse eu-delà de tout,
Et même pire...
Un' joli' pervench', qui m'avait paru
Plus joli' qu'elle,
Un' joli' pervenche un jour en mourut
A coups d'ombrelle.

4. Tous les somnambules, tous les mages m'ont
Dit, sans malice,
Qu'en ses bras en croix je subirai mon
Dernier supplice...
Il en est de pir's, il en est d' meilleurs,
Mais, à tout prendre,
Qu'on se pende ici, qu'on se pende ailleurs...
S'il faut se pendre.

La Ballade Des Gens Qui Sont Nés Quelque Part

Paroles et Musique de Georges Brassens

D F♯7 Bm F♯7 Bm
pla - ges, Ils n'ont qu'un seul point faible et c'est d'être ha - bi - tés, Et
G A7 D Bm
c'est d'être ha - bi - tés par des gens qui re - gar - dent Le reste a - vec mé -
Bm E C7 F F7
pris du haut de leurs rem - parts, La ra - ce des chau - vins, des
B♭ A7 B♭ F C7 A
por - teurs de co - car - des, Les im - bé - cil's heu - reux qui sont nés quel - que part,

1. C'est vrai qu'ils sont plaisants, tous ces petits villages,
Tous ces bourgs, ces hameaux, ces lieux-dits, ces cités,
Avec leurs châteaux forts, leurs églises, leurs plages,
Ils n'ont qu'un seul point faible et c'est d'être habités,
Et c'est d'être habités par des gens qui regardent
Le reste avec mépris du haut de leurs remparts,
La race des chauvins, des porteurs de cocardes,
Les imbécil's heureux qui sont nés quelque part. *(bis)*

2. Maudits soient ces enfants de leur mère patrie
Empalés une fois pour tout's sur leur clocher,
Qui vous montrent leurs tours, leurs musé's, leur mairie,
Vous font voir du pays natal jusqu'à loucher.
Qu'ils sortent de Paris, ou de Rome, ou de Sète,
Ou du diable vauvert ou bien de Zanzibar,
Ou même de Montcuq, ils s'en flattent, mazette,
Les imbécil's heureux qui sont nés quelque part. *(bis)*

3. Le sable dans lequel, douillettes, leurs autruches
Enfouissent la tête, on trouve pas plus fin,
Quant à l'air qu'ils emploient pour gonfler leurs baudruches,
Leurs bulles de savon, c'est du souffle divin.
Et, petit à petit, les voilà qui se montent
Le cou jusqu'à penser que le crottin fait par
Leurs chevaux, même en bois, rend jaloux tout le monde,
Les imbécil's heureux qui sont nés quelque part. *(bis)*

4. C'est pas un lieu commun celui de leur naissance,
Ils plaignent de tout cœur les pauvres malchanceux,
Les petits maladroits qui n'eur'nt pas la présence,
La présence d'esprit de voir le jour chez eux.
Quand sonne le tocsin sur leur bonheur précaire,
Contre les étrangers tous plus ou moins barbares,
Ils sortent de leur trou pour mourir à la guerre,
Les imbécil's heureux qui sont nés quelque part. *(bis)*

5. Mon Dieu, qu'il ferait bon sur la terre des hommes
Si l'on n'y rencontrait cette race incongru',
Cette race importune et qui partout foisonne:
La race des gens du terroir, des gens du cru.
Que la vi' serait belle en toutes circonstances
Si vous n'aviez tiré du néant ces jobards,
Preuve, peut-être bien, de votre inexistence:
Les imbécil's heureux qui sont nés quelque part. *(bis)*

La Cane De Jeanne

Paroles et Musique de Georges Brassens

2.
A G#7 C#m G#7
vais! 3. La ca - ne De Jean - ne Est
C#m C#7 F#m G#7 C#m D#7 G#7
mor - te sur son œuf, Et dans son beau cos - tu - me De plu - mes, Tout
C#m F#m7 Bm E7 A F#m7 Bm E7
neuf! 4. La ca - ne De Jean - ne Ne
5. tou - tes, Sans dou - te, Gar -
A F#m7 Bm E7 A F#m7
lais - sant pas de veuf, C'est nous au - tres qui eû - mes Les
de - rons long - temps le Sou - ve - nir de la ca - ne De

1. La cane
De Jeanne
Est morte au gui l'an neuf...
Elle avait fait, la veille,
Merveille!
Un œuf.

2. La cane
De Jeanne
Est morte d'avoir fait,
Du moins on le présume,
Un rhume,
Mauvais!

3. La cane
De Jeanne
Est morte sur son œuf
Et dans son beau costume
De plumes,
Tout neuf!

4. La cane
De Jeanne
Ne laissant pas de veuf,
C'est nous autres qui eûmes
Les plumes,
Et l'œuf!

5. Tous, toutes,
Sans doute,
Garderons longtemps le
Souvenir de la cane
De Jeanne,
Morbleu!

La Femme D'Hector

Paroles et Musique de Georges Brassens

F#7 F#7 Bm F#7
mis? Laquelle est notre vrai' nou-nou, La p'tit' sœur des pau-
G
vres de nous, Dans le gui-gnon tou-jours pré-sen-te,
F#7 (break) F#7
Refrain
Em F#7
Quelle est cet-te fé' bien fai-san-te? C'est pas la femm' de Ber-
Bm F#7 Bm
trand, Pas la femm' de Gon-tran, Pas la femm' de Pam-phi-le,

Em A7 D Em A7
C'est pas la femm' de Fir - min, Pas la femm' de Ger - main, Ni cell' de Ben - ja -
D G A7 D B7
min, C'est pas la femm' d'ho - no - ré, Ni cell' de Dé - si -
Em F#7 Bm Em F#7
ré Ni cell' de Thé - o - phi - le, En - co - re moins la fem -
1.2.3.4.5. 6.
Bm F#7 Bm A7 Bm
me de Nes - tor, Non, c'est la femm' d'Hec - tor! femm' d'Hec - tor!

1. En notre tour de Babel,
Laquelle est la plus bell',
La plus aimable parmi
Les femm's de nos amis?
Laquelle est notre vrai' nounou,
La p'tit' sœur des pauvres de nous,
Dans le guignon toujours présente,
Quelle est cette fé' bienfaisante?

Refrain
C'est pas la femm' de Bertrand,
Pas la femm' de Gontran,
Pas la femm' de Pamphile,
C'est pas la femm' de Firmin,
Pas la femm' de Germain,
Ni cell' de Benjamin,
C'est pas la femm' d'honoré,
Ni cell' de Désiré,
Ni cell' de Théophile,
Encore moins la femme de Nestor,
Non, c'est la femm' d'Hector.

2. Comme nous dansons devant
Le buffet bien souvent,
On a toujours peu ou prou
Les bas criblés de trous...
Qui raccommode ces malheurs
De fils de toutes les couleurs,
Qui brode, divine cousette,
Des arcs-en-ciel à nos chaussettes?
(au Refrain)

3. Quand on nous prend la main,
Sacré Bon Dieu, dans un sac,
Et qu'on nous envoi' planter
Des choux à la Santé,
Quelle est cell' qui, prenant modèl',
Sur les vertus des chiens fidèl's,
Reste à l'arrêt devant la porte
En attendant qu'on en ressorte?
(au Refrain)

4. Et quand l'un d'entre nous meurt,
Qu'on nous met en demeur'
De débarrasser l'hôtel
De ses restes mortels,
Quelle est cell' qui r'mu' tout Paris
Pour qu'on lui fasse, au plus bas prix,
Des funérailles gigantesques,
Pas nationales, non, mais presque?
(au Refrain)

5. Et quand vient le mois de mai,
Le joli temps d'aimer,
Que, sans écho, dans les cours,
Nous hurlons à l'amour,
Quelle est cell' qui nous plaint beaucoup,
Quelle est cell' qui nous saute au cou,
Qui nous dispense sa tendresse,
Tout's ses économies d' caresses?
(au Refrain)

6. Ne jetons pas les morceaux
De nos cœurs aux pourceaux,
Perdons pas notre latin
Au profit des pantins,
Chantons pas la langue des dieux
Pour les balourds, les fess'-mathieux,
Les paltoquets ni les bobèches,
Les foutriquets ni les pimbèches,

Dernier Refrain
Ni pour la femm' de Bertrand,
Pour la femm' de Gontran,
Pour la femm' de Pamphile,
Ni pour la femm' de Firmin,
Pour la femm' de Germain,
Pour cell' de Benjamin,
Ni pour la femm' d'honoré,
La femm' de Désiré,
La femm' de Théophile,
Encore moins pour la femm' de Nestor,
Mais pour la femm' d'Hector!

La Marche Nuptiale

Paroles et Musique de Georges Brassens

1. Mariage d'amour, mariage d'argent,
J'ai vu se marier toutes sortes de gens:
Des gens de basse source et des grands de la terre,
Des prétendus coiffeurs, des soi-disant notaires...

2. Quand même je vivrais jusqu'à la fin des temps,
Je garderais toujours le souvenir content
Du jour de pauvre noce où mon père et ma mère
S'allèrent épouser devant Monsieur le Maire.

3. C'est dans un char à bœufs, s'il faut parler bien franc,
Tiré par les amis, poussé par les parents,
Que les vieux amoureux firent leurs épousailles
Après long temps d'amour, long temps de fiançailles.

4. Cortège nuptial hors de l'ordre courant,
La foule nous couvait d'un œil protubérant:
Nous étions contemplés par le monde futile
Qui n'avait jamais vu de noce de ce style.

5. Voici le vent qui souffle emportant, crève-cœur!
Le chapeau de mon père et les enfants de chœur...
Voilà la plui' qui tombe en pesant bien ses gouttes,
Comme pour empêcher la noc', coûte que coûte.

6. Je n'oublierai jamais la mariée en pleurs
Berçant comme un' poupé' son gros bouquet de fleurs...
Moi, pour la consoler, moi, de toute ma morgue,
Sur mon harmonica jouant les grandes orgues.

7. Tous les garçons d'honneur, montrant le poing aux nues.
Criaient: "Par Jupiter, la noce continue!"
Par les homm's décrié', par les dieux contrariée,
La noce continue et Viv' la mariée!

La Chasse Aux Papillons

Paroles et Musique de Georges Brassens

A7 D A7 D A7 D
ter sa ca - ge, Met sa ro - be neuve et ses bot - til - lons;
F♯7 Bm F♯7 Bm F♯m G♯7
Et bras d'ssus bras d'ssous vers les frais bo - ca - ges Ils vont à la chasse aux pa - pil -
C♯ E7 A Aaug D
lons. Ils ne sa- vaient pas que, sous les om - bra - ges,
E7 A D A E7 A
Se ca-chait l'a - mour et son ai - guil - lon, Et qu'il trans - per - çait les cœurs

Aaug D E7 A F♯7 Bm E7 A F7
de leur â - ge, Les cœurs des chas - seurs de pa - pil - lons.
B♭ B♭aug E♭ F7 B♭
Quand il se fit tendre, ell' lui dit: "J'pré - sa - ge Qu'c'est pas dans les plis de mon
Sur sa bouche en feu qui cri - ait: "Sois sa - ge!" Il po - sa sa bouche en guis'
E♭ B♭ F B♭ B♭aug E7
co - til - lon, Ni dans l'é - chan - cru - re de mon cor - sa - ge,
de bâil - lon, Et c'fut l'plus char - mant des re - mu' - mé - na - ge
F7 B♭ G7 Cm F7 B♭ B♭7 E♭
Qu'on vat - t-à la chasse aux pa - pil - lons". Un vol - can dans l'âme, i'r'vinr'nt
Qu'on ait vu d'mé - moir' de pa - pil - lon.

B♭7 E♭ B♭7 E♭ B♭7 E♭
au vil - la - ge, En se pro - met - tant d'al - ler des mil - lions,
G7 Cm G7 Cm Gm A7
Des mil - liards de fois, et mêm' da - van - ta - ge, En - semble à la chasse aux pap - il -
D F7 B♭ B♭aug E♭
lons. Mais tant qu'ils s'aim' - ront, tant que les nu - a - ges,
F7 B♭ E♭ B♭ F7 B♭
Por - teurs de cha - grins, les é - par - gne - ront, I' f'ra bon vo - ler dans les

1. Un bon petit diable à la fleur de l'âge,
La jambe légère et l'œil polisson,
Et la bouche plein' de joyeux ramages,
Allait à la chasse aux papillons.

2. Comme il atteignait l'oré' du village,
Filant sa quenouille, il vit Cendrillon,
Il lui dit: "Bonjour, que Dieu te ménage,
J' t'emmène à la chasse aux papillons."

3. Cendrillon ravi' de quitter sa cage,
Met sa robe neuve et ses bottillons;
Et bras d'ssus bras d'ssous vers les frais bocages
Ils vont à la chasse aux papillons.

4. Ils ne savaient pas que, sous les ombrages,
Se cachait l'amour et son aiguillon,
Et qu'il transperçait les cœurs de leur âge,
Les cœurs des chasseurs de papillons.

5. Quand il se fit tendre, ell' lui dit: "J' présage
Qu' c'est pas dans les plis de mon cotillon,
Ni dans l'échancrure de mon corsage,
Qu'on va-t-à la chasse aux papillons."

6. Sur sa bouche en feu qui criait: "Sois sage!"
Il posa sa bouche en guis' de bâillon,
Et c' fut l' plus charmant des remu'-ménage
Qu'on ait vu d' mémoir' de papillon.

7. Un volcan dans l'âme, i' r'vinr'nt au village,
En se promettant d'aller des millions,
Des milliards de fois, et mêm' davantage,
Ensemble à la chasse aux papillons.

8. Mais tant qu'ils s'aim'ront, tant que les nuages,
Porteurs de chagrins, les épargneront,
I' f'ra bon voler dans les frais bocages,
I' f'ront pas la chasse aux papillons,
Pas la chasse aux papillons.

La Mauvaise Reputation

Paroles et Musique de Georges Brassens

G
F♯ Em6 Fdim F♯7
son - ne, En sui-vant mon ch'min de pe - tit bon - hom - me;
C♯ F♯7
Mais les brav's gens n'aim-ent pas que L'on suive une au - tre rou - te
Bm F♯7 Bm C♯ F♯7
qu'eux. Non, les brav's gens n'aim-ent pas que L'on suive une au - tre rou - te
G
qu'eux... Tout le mon - de mé - dit de moi,

1. Au village, sans prétention,
J'ai mauvaise réputation;
Qu' je m' démène ou qu' je reste coi,
Je pass' pour un je-ne-sais-quoi.
Je ne fais pourtant de tort à personne,
En suivant mon ch'min de petit bonhomme;
Mais les brav's gens n'aiment pas que
L'on suive une autre route qu'eux...
Non, les brav's gens n'aiment pas que
L'on suive une autre route qu'eux...
Tout le monde médit de moi,
Sauf les muets, ça va de soi.

2. Le jour du Quatorze-Juillet,
Je reste dans mon lit douillet;
La musique qui marche au pas,
Cela ne me regarde pas.
Je ne fais pourtant de tort à personne,
En n'écoutant pas le clairon qui sonne;
Mais les brav's gens n'aiment pas que
L'on suive une autre route qu'eux...
Non, les brav's gens n'aiment pas que
L'on suive une autre route qu'eux...
Tout l' monde me montre du doigt,
Sauf les manchots, ça va de soi.

3. Quand j' croise un voleur malchanceux
Poursuivi par un cul-terreux,
J' lanc' la patte et, pourquoi le taire,
Le cul-terreux se r'trouv' par terre.
Je ne fais pourtant de tort à personne,
En laissant courir les voleurs de pommes;
Mais les brav's gens n'aiment pas que
L'on suive une autre route qu'eux...
Non, les brav's gens n'aiment pas que
L'on suive une autre route qu'eux...
Tout le monde se ru' sur moi,
Sauf les culs-d'-jatt', ça va de soi.

4. Pas besoin d'être Jérémi'
Pour d'viner l' sort qui m'est promis:
S'ils trouv'nt une corde à leur goût,
Ils me la passeront au cou.
Je ne fais pourtant de tort à personne,
En suivant les ch'mins qui n' mèn'nt pas à Rome;
Mais les brav's gens n'aiment pas que
L'on suive une autre route qu'eux...
Non, les brav's gens n'aiment pas que
L'on suive une autre route qu'eux...
Tout l' mond' viendra me voir pendu,
Sauf les aveugl's, bien entendu.

La Prière (Je Vous Salue, Marie)

Musique de Georges Brassens
Poème de Francis Jammes

Sans lenteur

1. Par le petit garçon qui meurt près de sa mère
tandis que des enfants s'amusent au parterre;
et par l'oiseau blessé qui ne sait pas comment
son aile tout à coup s'ensanglante et descend
par la soif et la faim et le délire ardent:
Je vous salue, Marie.

2. Par les gosses battus par l'ivrogne qui rentre,
par l'âne qui reçoit des coups de pied au ventre
et par l'humiliation de l'innocent châtié,
par la vierge vendue qu'on a déshabillée,
par le fils dont la mère a été insultée:
Je vous salue, Marie.

3. Par la vieille qui, trébuchant sous trop de poids,
s'écrie: "Mon Dieu! " Par le malheureux dont les bras
ne purent s'appuyer sur une amour humaine
comme la Croix du Fils sur Simon de Cyrène;
par le cheval tombé sous le chariot qu'il traîne:
Je vous salue, Marie.

4. Par les quatre horizons qui crucifient le Monde,
par tous ceux dont la chair se déchire ou succombe,
par ceux qui sont sans pieds, par ceux qui sont sans mains,
par le malade que l'on opère et qui geint
et par le juste mis au rang des assassins:
Je vous salue, Marie.

5. Par la mère apprenant que son fils est guéri,
par l'oiseau rappelant l'oiseau tombé du nid,
par l'herbe qui a soif et recueille l'ondée,
par le baiser perdu par l'amour redonné,
et par le mendiant retrouvant sa monnaie
Je vous salue, Marie.

La Non-Demande En Mariage

Paroles et Musique de Georges Brassens

Bm
F♯m
Qui, de leur bon- heur, ont pay - é
Ce
Bm
Refrain
sa - cri - lè - ge.
J'ai l'hon- neur
Em
A7
D
de Ne pas te de - man - der ta
F♯7
6e fois al Coda
main, Ne gra - vons pas Nos noms au bas D'un par - che -

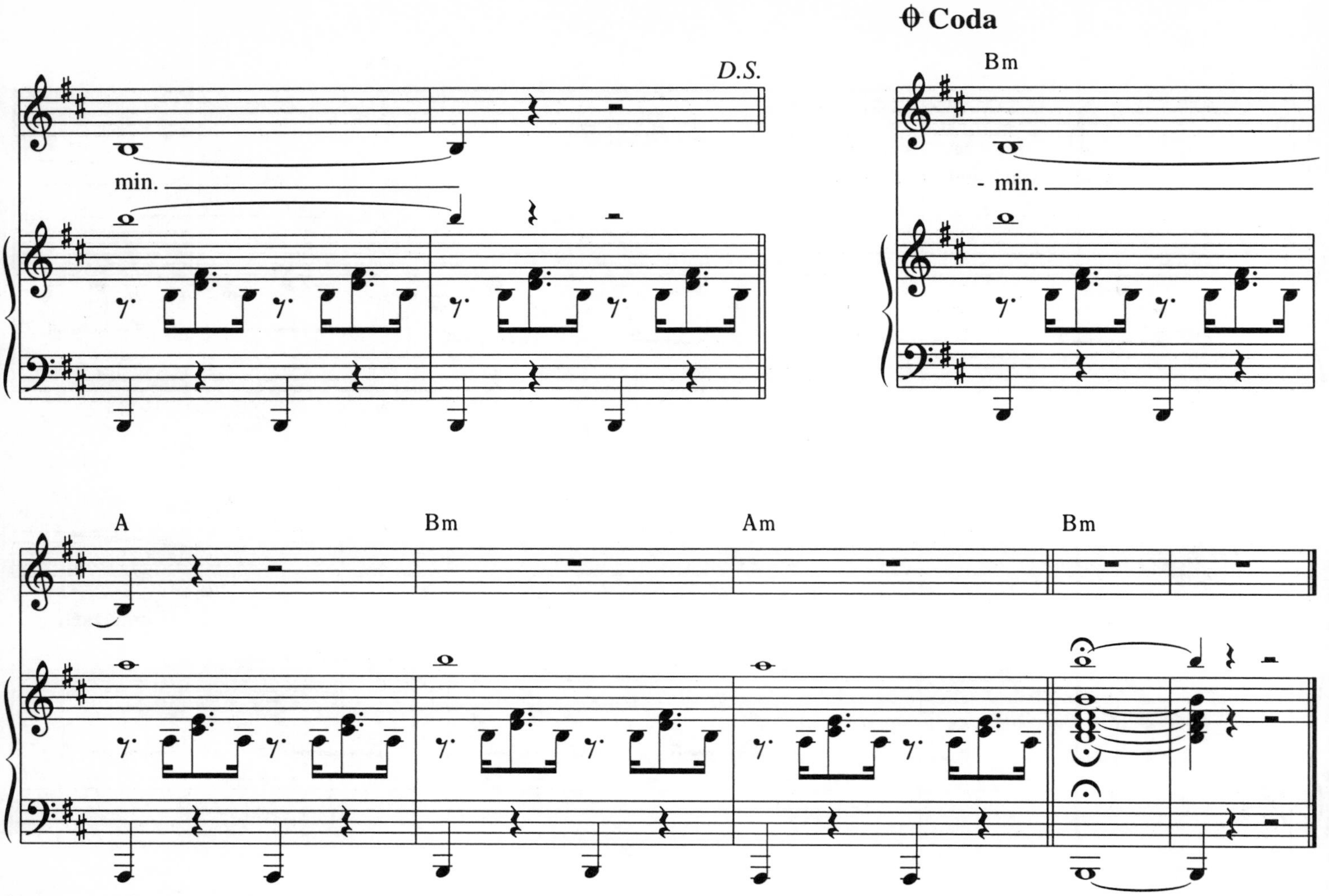

1. Ma mi', de grâce, ne mettons
Pas sous la gorge à Cupidon
Sa propre flèche,
Tant d'amoureux l'ont essayé
Qui, de leur bonheur, ont payé
Ce sacrilège...

Refrain
J'ai l'honneur de
Ne pas te demander ta main,
Ne gravons pas
Nos noms au bas
D'un parchemin.

2. Laissons le champ libre à l'oiseau,
Nous serons tous les deux prisonniers sur parole,
Au diable, les maîtresses queux
Qui attachent les cœurs aux queu's
Des casseroles! *(au refrain)*

3. Vénus se fait vieille souvent,
Elle perd son latin devant
La lèche-frite...
A aucun prix, moi, je ne veux
Effeuiller dans le pot-au-feu
La marguerite. *(au refrain)*

4. On leur ôte des attraits,
En dévoilant trop les secrets
De Mélusine.
L'encre des billets doux pâlit
Vite entre les feuillets des li-
vres de cuisine. *(au refrain)*

5. Il peut sembler de tout repos
De mettre à l'ombre, au fond d'un pot
De confiture,
La joli' pomme défendu',
Mais elle est cuite, elle a perdu
Son goût "nature". *(au refrain)*

6. De servante n'ai pas besoin,
Et du ménage et de ses soins
Je te dispense...
Qu'en éternelle fiancée,
A la dame de mes pensée'
Toujours je pense... *(au refrain)*

Le Fantôme

Paroles et Musique de Georges Brassens

F F7 B♭ B♭m F
tô - mes, Tous les de-hors de la vi - sion,
11e fois al Coda
A7 Dm B♭ B♭m F Dm
Les faux airs de l'ap - pa - ri - tion, En un mot, c'é - tait un fan -
Gm C7 F
tô - me!
Coda
Gm A
- mes - ses.
B♭ B♭m F A7 Dm
Mais, foin des dé - lic's de Ca - poue! C'é - tait mon père cri - ant: "De - bout!

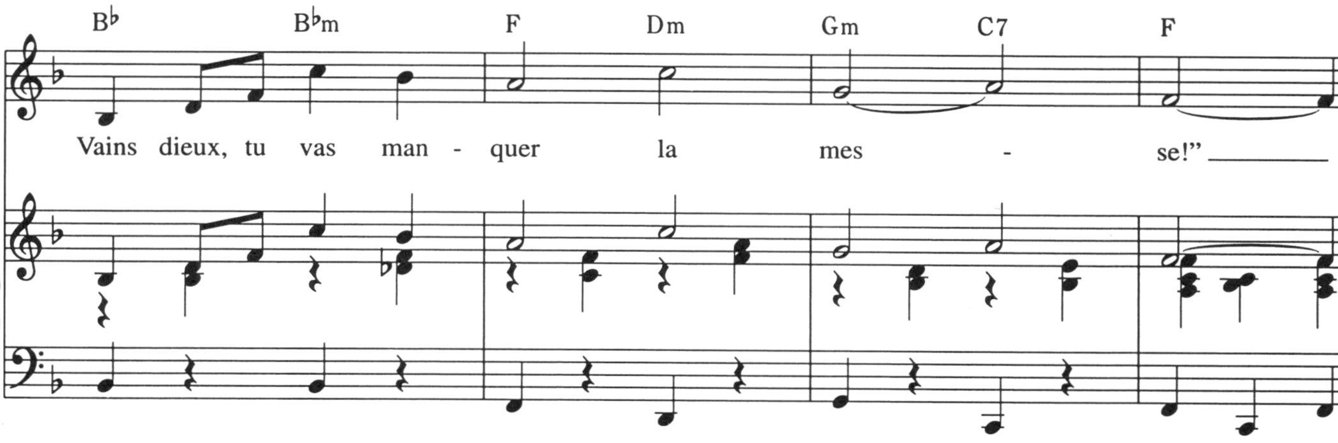

1. C’était tremblant, c’était troublant,
C’était vêtu d’un drap tout blanc,
Ça présentait tous les symptômes,
Tous les dehors de la vision,
Les faux airs de l’apparition,
En un mot, c’était un fantôme!

2. A sa manière d’avancer,
A sa façon de balancer
Les hanches quelque peu convexes,
Je compris que j’avais affaire
A quelqu’un du genr’ que j’ préfère:
A un fantôme du beau sexe.

3. “Je suis un p’tit poucet perdu,
Me dit-ell’, d’un’ voix morfondu’,
Un pauvre fantôme en déroute.
Plus de trace des feux follets,
Plus de trace des osselets
Dont j’avais jalonné ma route!

4. “Des poèt’s sans inspiration
Auront pris – quelle aberration! –
Mes feux follets pour des étoiles.
De pauvres chiens de commissaire
Auront croqué – quelle misère! –
Mes oss’lets bien garnis de moelle.

5. “A l’heure où le coq chantera,
J’aurai bonn’ mine avec mon drap
Plein de faux plis et de coutures!
Et dans ce siècle profane où
Les gens ne croient plus guère à nous,
On va crier à l’imposture.”

6. Moi, qu’un chat perdu fait pleurer,
Pensez si j’eus le cœur serré
Devant l’embarras du fantôme.
“Venez, dis-je en prenant sa main,
Que je vous montre le chemin,
Que je vous reconduise *at home.*

7. L’histoire finirait ici,
Mais la brise, et je l’en r’merci’,
Troussa le drap d’ ma cavalière...
Dame, il manquait quelques oss’lets,
Mais le reste, loin d’être laid,
Etait d’un’ grâce singulière.

8. Mon Cupidon, qui avait la
Flèche facile en ce temps-là,
Fit mouche et, le feu sur les tempes,
Je conviai, sournoisement,
La belle à venir un moment
Voir mes icônes, mes estampes...

9. “Mon cher, dit-ell’, vous êtes fou!
J’ai deux mille ans de plus que vous...
- Le temps, madam’, que nous importe!”
Mettant le fantôm’ sous mon bras,
Bien enveloppé dans son drap,
Vers mes pénates je l’emporte!

10. Eh bien, messieurs, qu’on se le dis’:
Ces belles dames de jadis
Sont de satané’s polissonnes,
Plus expertes dans le déduit
Que certain’s dames d’aujourd’hui,
Et je ne veux nommer personne!

11. Au p’tit jour on m’a réveillé,
On secouait mon oreiller
Avec un’ fougu’ plein’ de promesses.
Mais, foin des délic’s de Capoue!
C’était mon père criant: “Debout!
Vains dieux, tu vas manquer la messe!’” } *bis*

Le Gorille

Paroles et Musique de Georges Brassens

A7
im - pu - deur, ces com - mè - res Lor - gnaient même un en - droit pré - cis Que, ri -
D
gou - reu - se - ment, ma mè - re M'a dé - fen - du d'nom - mer i - ci. Gare au go -
A7
D
A7
ril
1ère à 8ème fois
D
le!...
2. Tout à
9ème fois, pour finir
D
A7
D
- le!...

1. C'est à travers de larges grilles,
Que les femelles du canton
Contemplaient un puissant gorille,
Sans souci du qu'en-dira-t-on;
Avec impudeur, ces commères
Lorgnaient même un endroit précis
Que, rigoureusement, ma mère
M'a défendu d' nommer ici.
Gare au gorille! ...

2. Tout à coup, la prison bien close,
Où vivait le bel animal,
S'ouvre on n' sait pourquoi (je suppose
Qu'on avait dû la fermer mal);
Le singe, en sortant de sa cage,
Dit: "C'est aujourd'hui que j' le perds!"
Il parlait de son pucelage,
Vous aviez deviné, j'espère!
Gare au gorille! ...

3. L' patron de la ménagerie
Criait, éperdu: "Nom de nom!
C'est assommant, car le gorille
N'a jamais connu de guenon! "
Dès que la féminine engeance
Sut que le singe était puceau,
Au lieu de profiter d' la chance,
Elle fit feu des deux fuseaux!
Gare au gorille! ...

4. Celles-là même qui, naguère,
Le couvaient d'un œil décidé,
Fuirent, prouvant qu'ell's n'avaient guère
De la suite dans les idé's;
D'autant plus vaine était leur crainte,
Que le gorille est un luron
Supérieur à l'homm' dans l'étreinte,
Bien des femmes vous le diront!
Gare au gorille! ...

5. Tout le monde se précipite
Hors d'atteinte du singe en rut,
Sauf une vieille décrépite
Et un jeune juge en bois brut.
Voyant que toutes se dérobent,
Le quadrumane accéléra
Son dandinement vers les robes
De la vieille et du magistrat!
Gare au gorille! ...

6. "Bah! soupirait la centenaire,
Qu'on pût encor me désirer,
Ce serait extraordinaire,
Et, pour tout dire, inespéré!"
Le juge pensait, impassible:
"Qu'on me prenn' pour une guenon,
C'est complètement impossible..."
La suite lui prouva que non!
Gare au gorille! ...

7. Supposez qu'un de vous puisse être,
Comme le singe, obligé de
Violer un juge ou une ancêtre,
Lequel choisirait-il des deux?
Qu'une alternative pareille,
Un de ces quatre jours, m'échoie,
C'est, j'en suis convaincu, la vieille
Qui sera l'objet de mon choix!
Gare au gorille! ...

8. Mais, par malheur, si le gorille
Aux jeux de l'amour vaut son prix,
On sait qu'en revanche il ne brille
Ni par le goût ni par l'esprit.
Lors, au lieu d'opter pour la vieille,
Comme aurait fait n'importe qui,
Il saisit le juge à l'oreille
Et l'entraîna dans un maquis!
Gare au gorille! ...

9. La suite serait délectable,
Malheureusement, je ne peux
Pas la dire, et c'est regrettable,
Ça nous aurait fait rire un peu;
Car le juge, au moment suprême,
Criait: "Maman!", pleurait beaucoup,
Comme l'homme auquel, le jour même,
Il avait fait trancher le cou.
Gare au gorille! ...

Le Parapluie

Paroles et Musique de Georges Brassens

F#7
lors à sa res - cousse, Je lui pro - pose un peu d'a -
Bm E7 A
bri. En sé - chant l'eau de sa fri - mousse, D'un air très
Un peu plus lent
E7 A Refrain Bm E7
doux, ell' m'a dit "oui". Un p'tit coin d'pa - ra - pluie, Contre un
A Bm E7 A
coin d'pa - ra - dis, Elle a - vait quel - que chos' d'un ange, Un p'tit

1. Il pleuvait fort sur la grand-route,
Ell' cheminait sans parapluie.
J'en avais un, volé, sans doute,
Le matin même à un ami;
Courant alors à sa rescousse,
Je lui propose un peu d'abri.
En séchant l'eau de sa frimousse,
D'un air très doux, ell' m'a dit "oui".

2. Chemin faisant, que ce fut tendre
D'ouïr à deux le chant joli
Que l'eau du ciel faisait entendre
Sur le toit de mon parapluie!
J'aurais voulu, comme au déluge,
Voir sans arrêt tomber la pluie,
Pour la garder, sous mon refuge,
Quarante jours, quarante nuits.

Refrain
Un p'tit coin d'parapluie,
Contre un coin d'paradis,
Elle avait quelque chos' d'un ange,
Un p'tit coin d'paradis,
Contre un coin d'parapluie,
Je n' perdais pas au chang', pardi!

3. Mais bêtement, même en orage,
Les routes vont vers des pays;
Bientôt le sien fit un barrage
A l'horizon de ma folie!
Il a fallu qu'elle me quitte,
Après m'avoir dit grand merci,
Et je l'ai vu', toute petite,
Partir gaiement vers mon oubli...

Le Grand-Chêne

Paroles et Musique de Georges Brassens

1. Il vivait en dehors des chemins forestiers,
Ce n'était nullement un arbre de métier,
Il n'avait jamais vu l'ombre d'un bûcheron,
Ce grand chêne fier sur son tronc.

2. Il eût connu des jours filés d'or et de soie
Sans ses proches voisins, les pires gens qui soient,
Des roseaux mal pensant, pas même des bambous,
S'amusant à le mettre à bout.

3. Du matin jusqu'au soir ces petits rejetons,
Tout juste cann's à pêch', à peine mirlitons,
Lui tournant tout autour chantaient, *in extenso,*
L'histoire du chêne et du roseau.

4. Et, bien qu'il fût en bois (les chênes, c'est courant),
La fable ne le laissait pas indifférent.
Il advint que, lassé d'être en butte aux lazzi,
Il se résolut à l'exi(l).

5. A grand-peine il sortit ses grands pieds de son trou
Et partit sans se retourner ni peu ni prou.
Mais, moi qui l'ai connu, je sais bien qu'il souffrit
De quitter l'ingrate patri'.

6. A l'oré' des forêts, le chêne ténébreux
A lié connaissance avec deux amoureux.
"Grand chêne, laisse-nous sur toi graver nos noms...
Le grand chêne n'a pas dit non.

7. Quand ils eur'nt épuisé leur grand sac de baisers,
Quand, de tant s'embrasser, leurs becs furent usés,
Ils ouïrent alors, en retenant des pleurs,
Le chêne contant ses malheurs.

8. "Grand chên', viens chez nous, tu trouveras la paix,
Nos roseaux savent vivre et n'ont aucun toupet,
Tu feras dans nos murs un aimable séjour,
Arrosé quatre fois par jour."

9. Cela dit, tous les trois se mirent en chemin,
Chaque amoureux tenant une racine en main.
Comme il semblait content! Comme il semblait heureux!
Le chêne entre ses amoureux.

10. Au pied de leur chaumière ils le firent planter.
Ce fut alors qu'il commença de déchanter
Car, en fait d'arrosage, il n'eut rien que la plui',
Des chiens levant la patt' sur lui.

11. On a pris tous ses glands pour nourrir les cochons,
Avec sa belle écorce on a fait des bouchons,
Chaque fois qu'un arrêt de mort était rendu,
C'est lui qui' héritait du pendu.

12. Puis ces mauvaises gens, vandales accomplis,
Le coupèrent en quatre et s'en firent un lit.
Et l'horrible mégère ayant des tas d'amants,
Il vieillit prématurément.

13. Un triste jour, enfin, ce couple sans aveu
Le passa par la hache et le mit dans le feu.
Comme du bois de caisse, amère destinée!
Il périt dans la cheminée.

14. Le curé de chez nous, petit saint besogneux,
Doute que sa fumé' s'élève jusqu'à Dieu.
Qu'est-c' qu'il en sait, le bougre, et qui donc lui a dit
Qu'y a pas de chêne en paradis? *(bis)*

Le Petit Cheval

Musique de Georges Brassens
Poeme de Paul Fort

1. Le petit cheval dans le mauvais temps,
Qu'il avait donc du courage!
C'était un petit cheval blanc,
Tous derrière, tous derrière
C'était un petit cheval blanc,
Tous derrière et lui devant!

2. Il n'y avait jamais de beau temps,
Dans ce pauvre paysage.
Il n'y avait jamais de printemps,
Ni derrière, ni derrière
Il n'y avait jamais de printemps,
Ni derrière ni devant.

3. Mais toujours il était content,
Menant les gars du village,
A travers la pluie noire des champs,
Tous derrière, tous derrière
A travers la pluie noire des champs,
Tous derrière et lui devant.

4. Sa voiture allait poursuivant
Sa belle petite queue sauvage.
C'est alors qu'il était content,
Tous derrière, tous derrière
C'est alors qu'il était content,
Tous derrière et lui devant.

5. Mais un jour, dans le mauvais temps,
Un jour qu'il était si sage.
Il est mort par un éclair blanc,
Tous derrière, tous derrière
Il est mort par un éclair blanc,
Tous derrière et lui devant.

6. Il est mort sans voir le beau temps,
Qu'il avait donc du courage!
Il est mort sans voir le printemps
Ni derrière, ni derrière
Il est mort sans voir le beau temps
Ni derrière ni devant.

Le Petit Joueur De Flûteau

Paroles et Musique de Georges Brassens

1. Le petit joueur de flûteau
Menait la musique au château.
Pour la grâce de ses chansons
Le roi lui offrit un blason.
"Je ne veux pas être noble,
Répondit le croque-note,
Avec un blason à la clé,
Mon "la" se mettrait à gonfler,
On dirait, par tout le pays,
"Le joueur de flûte a trahi",

2. "Et mon pauvre petit clocher
Me semblerait trop bas perché,
Je ne plierais plus les genoux
Devant le Bon Dieu de chez nous,
Il faudrait à ma grande âme
Tous les saints de Notre-Dame,
Avec un évêque à la clé,
Mon "la" se mettrait à gonfler,
On dirait, par tout le pays,
"Le joueur de flûte a trahi",

3. "Et la chambre où j'ai vu le jour
Me serait un triste séjour,
Je quitterais mon lit mesquin
Pour une couche à baldaquin,
Je changerais ma chaumière
Pour une gentilhommière,
Avec un manoir à la clé,
Mon "la" se mettrait à gonfler,
On dirait, par tout le pays,
"Le joueur de flûte a trahi",

4. "Je serais honteux de mon sang,
Des aïeux de qui je descends,
On me verrait bouder dessus
La branche dont je suis issu,
Je voudrais un magnifique
Arbre généalogique,
Avec du sang bleu à la clé,
Mon "la" se mettrait à gonfler,
On dirait, par tout le pays,
"Le joueur de flûte a trahi",

5. "Je ne voudrais plus épouser
Ma promise, ma fiancée,
Je ne donnerais pas mon nom
A une quelconque Ninon,
Il me faudrait pour compagne
La fille d'un grand d'Espagne,
Avec un' princesse à la clé,
Mon "la" se mettrait à gonfler,
On dirait, par tout le pays,
"Le joueur de flûte a trahi".

6. Le petit joueur de flûteau
Fit la révérence au château.
Sans armoiri's, sans parchemin,
Sans gloire, il se mit en chemin
Vers son clocher, sa chaumine,
Ses parents et sa promise...
Nul ne dise, dans le pays,
"Le joueur de flûte a trahi",
Et Dieu reconnaisse pour sien
Le brave petit musicien!

Le Pornographe

Paroles et Musique de Georges Brassens

Allegro (à 2 temps)

Am
B7
E7
Au - jourd' hui que mon ga - gne - pain C'est d'par - ler comme un tur - lu - pin,
C
E7
Am
Je n'pen - se plus "mer - de" par - di! Mais je le dis.
Refrain
Dm
Am
B7
E7
Am
J'suis l'por - no - gra - phe, Du pho - no - gra - phe,
Dm
G7
C
E7
1 à 7
Gm
8.
Am
Le po - lis - son De la chan - son. - son.

1. Autrefois, quand j'étais marmot,
J'avais la phobi' des gros mots,
Et si j' pensais "merde" tout bas,
Je ne le disais pas...
Mais
Aujourd'hui que mon gagne-pain
C'est d' parler comme un turlupin,
Je n' pense plus "merde", pardi!
Mais je le dis.

Refrain
J' suis l'pornographe,
Du phonographe,
Le polisson
De la chanson.

2. Afin d'amuser la gal'rie,
Je crache des gauloiseries,
Des pleines bouches de mots crus
Tout à fait incongrus...
Mais
En me r'trouvant seul sous mon toit,
Dans ma psyché j' me montre au doigt,
Et m' cri': "Va t' faire, homme incorrec',
Voir par les Grecs."
(au refrain)

3. Tous les sam'dis j' vais à confess'
M'accuser d'avoir parlé d' fess's
Et j' promets ferme au marabout
De les mettre tabou...
Mais
Craignant, si je n'en parle plus,
D' finir à l'Armée du Salut,
Je r'mets bientôt sur le tapis
Les fesses impies.
(au refrain)

4. Ma femme est, soit dit en passant,
D'un naturel concupiscent
Qui l'incite à se coucher nu'
Sous le premier venu...
Mais
M'est-il permis, soyons sincèr',
D'en parler au café-concert
Sans dire qu'elle a, suraigu,
Le feu au cul?
(au refrain)

5. J'aurais sans doute du bonheur,
Et peut-être la Croix d'honneur,
A chanter avec décorum
L'amour qui mène à Rom'...
Mais
Mon ang' m'a dit: "Turlututu!
Chanter l'amour t'est défendu
S'il n'éclôt pas sur le destin
D'une putain."
(au refrain)

6. Et quand j'entonne, guilleret,
A un patron de cabaret
Une adorable bucolique,
Il est mélancolique...
Et
Me dit, la voix noyé' de pleurs:
"S'il vous plaît de chanter les fleurs,
Qu'ell's poussent au moins rue Blondel
Dans un bordel."
(au refrain)

7. Chaque soir avant le dîner,
A mon balcon mettant le nez,
Je contemple les bonnes gens
Dans le soleil couchant...
Mais
N' me d'mandez pas d' chanter ça, si
Vous redoutez d'entendre ici
Que j'aime à voir, de mon balcon,
Passer les cons.
(au refrain)

8. Les bonnes âmes d'ici-bas
Comptent ferme qu'à mon trépas
Satan va venir embrocher
Ce mort mal embouché...
Mais,
Mais veuille le grand manitou,
Pour qui le mot n'est rien du tout,
Admettre en sa Jérusalem,
A l'heure blême,
(au refrain)

Refrain
Le pornographe
Du phonographe,
Le polisson
De la chanson.

Les Amoureux Des Bancs Publics

Paroles et Musique de Georges Brassens

Allegro moderato

Refrain
B7 B F♯m
temps les a-mours dé-bu-tant's. Les a-mou - reux qui s'bé-cot'nt sur les
C♯m B7 C♯m D
bancs pu-blics, Bancs pu-blics, bancs pu-blics, En s'fout-ant pas mal du
A E7 A F♯m
r'gard o-blique Des pas-sants hon - nê - tes, Les a-mou-reux qui s'bé-cot'nt sur les
C♯m B7 C♯m D
bancs pu-blics, Bancs pu-blics, bancs pu-blics, En s'di-sant des "Je t'aim'"

1. Les gens qui voient de travers
Pensent que les bancs verts
Qu'on voit sur les trottoirs
Sont faits pour les impotents ou les ventripotents.
Mais c'est une absurdité,
Car, à la vérité,
Ils sont là, c'est notoir',
Pour accueillir quelque temps les amours débutant's.

Refrain
Les amoureux qui s' bécot'nt sur les bancs publics,
Bancs publics, bancs publics,
En s' foutant pas mal du r'gard oblique
Des passants honnêtes,
Les amoureux qui s' bécot'nt sur les bancs publics,
Bancs publics, bancs publics,
En s' disant des "Je t'aim' " pathétiques,
Ont des p'tit's gueul's bien sympathiques!

2. Ils se tiennent par la main,
Parlent du lendemain,
Du papier bleu d'azur
Que revêtiront les murs de leur chambre à coucher...
Ils se voient déjà, douc'ment,
Ell' cousant, lui fumant,
Dans un bien-être sûr,
Et choisissent les prénoms de leur premier bébé... *(au refrain)*

3. Quand la saint' famille Machin
Croise sur son chemin
Deux de ces malappris,
Ell' leur décoch' hardiment des propos venimeux...
N'empêch' que tout' la famille
(Le pèr', la mèr', la fill', le fils, le "Saint-Esprit... ")
Voudrait bien, de temps en temps,
Pouvoir s' conduir' comme eux. *(au refrain)*

4. Quand les mois auront passé,
Quand seront apaisés
Leurs beaux rêves flambants,
Quand leur ciel se couvrira de gros nuages lourds,
Ils s'apercevront, émus,
Qu' c'est au hasard des ru's,
Sur un d' ces fameux bancs,
Qu'ils ont vécu le meilleur morceau de leur amour... *(au refrain)*

Le Vieux Léon

Paroles et Musique de Georges Brassens

G C#7 F# Bm
cor - dé - on Par - ti bon train
G A7 D
Voir si l'bas - tringue et la ja - va
Am B7 Em Bm F#7 Bm
A - vaient gar - dé Droit de ci - té Chez Jé - ho - vah
F#7 Bm A7 D
Quinze ans bien - tôt Qu'mu - sique au dos

B7 Em A7 D
Tu t'en al - lais Me - ner le bal
G C F♯7
A l'a - mi - cal' Des feux fol - lets
Bm A7 D B7
En cet a - sile Par saint' Cé - cile Par - don - ne -
al Coda
Em A7 D G C F♯7
nous De n'a - voir pas Su fai - re cas De

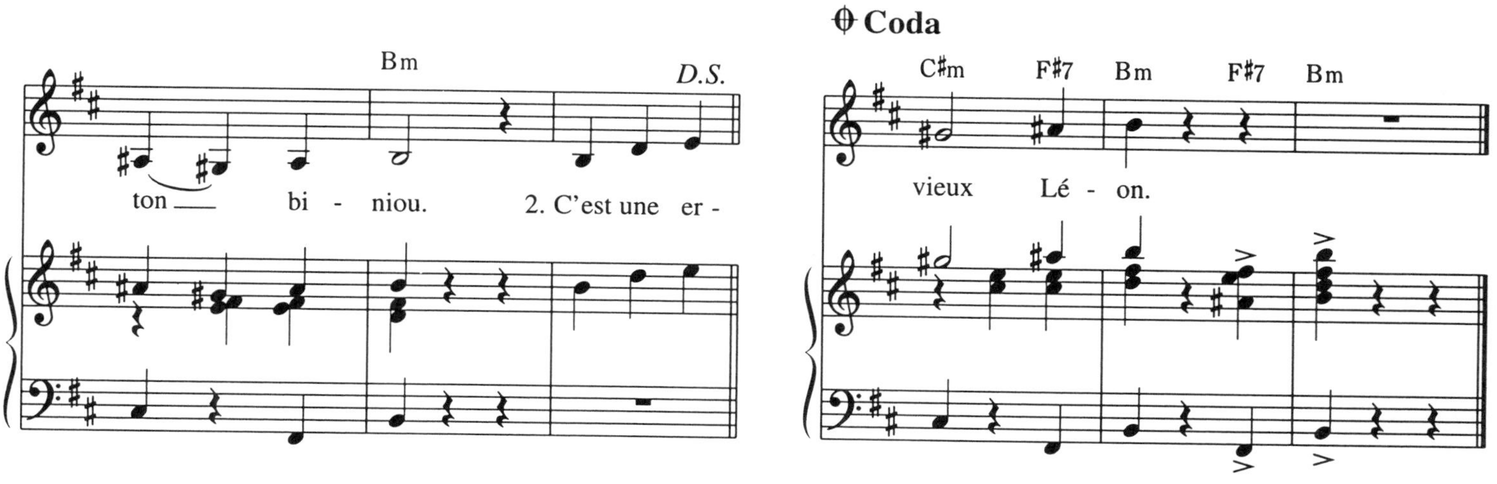

1. Y'a tout à l'heur'
Quinze ans d' malheur
Mon vieux Léon
Que tu'es parti
Au paradis
D' l'accordéon
Parti bon train
Voir si l' bastrin-
gue et la java
Avaient gardé
Droit de cité
Chez Jéhovah
Quinze ans bientôt
Qu' musique au dos
Tu t'en allais
Mener le bal
A l'amical'
Des feux follets
En cet asile
Par saint' Cécile
Pardonne-nous
De n'avoir pas
Su faire cas
De ton biniou.

2. C'est une erreur
Mais les joueurs
D'accordéon
Au grand jamais
On ne les met
Au Panthéon
Mon vieux tu' as dû
T' contenter du
Champ de navets,
Sans grandes pom-
pe' et sans pompons
Et sans *ave*
Mais les copains
Suivaient l' sapin
Le cœur serré
En rigolant
Pour fair' semblant
De n' pas pleurer
Et dans nos cœurs
Pauvre joueur
D'accordéon
Il fait ma foi
Beaucoup moins froid
Qu'au Panthéon.

3. Depuis mon vieux
Qu'au fond des cieux
Tu' as fait ton trou
Il a coulé
De l'eau sous les
Ponts de chez nous.
Les bons enfants
D' la ru' de Van-
ve' à la Gaîté
L'un comme l'au-
tre au gré des flots
Fur'nt emportés
Mais aucun d'eux
N'a fait fi de
Son temps jadis
Tous sont restés
Du parti des
Myosotis
Tous ces pierrots
Ont le cœur gros
Mon vieux Léon
En entendant
Le moindre chant
D'accordéon.

4. Quel temps fait-il
Chez les gentils
De l'au-delà
Les musiciens
Ont-ils enfin
Trouvé le la
Et le p'tit bleu
Est-c' que ça n' le
Rend pas meilleur
D'être servi
Au sein des vi-
gne' du Seigneur
Si d' temps en temps
Un' dam' d'antan
S' laisse embrasser
Sûr'ment papa
Que tu r'grett's pas
D'être passé
Et si l' Bon Dieu
Aim' tant soit peu
L'accordéon
Au firmament
Tu t' plais sûr'ment
Mon vieux Léon.

Les Copains D'Abord

Paroles et Musique de Georges Brassens

A7
D
1. Non, ce n'é - tait pas le ra - deau De la Mé - du - se, ce ba -
E7
teau, Qu'on se le dis' au fond des ports, Dis' au fond des
G A G
ports, Il na - vi - guait en pèr' pei -
F♯
F♯7
nard, Sur la grand - ma - re des ca - nards, Et s'app' - lait

1. Non, ce n'était pas le radeau
De la *Méduse,* ce bateau,
Qu'on se le dis' au fond des ports,
Dis' au fond des ports,
Il naviguait en pèr' peinard,
Sur la grand-mare des canards,
Et s'app'lait *les Copains d 'abord,*
Les Copains d'abord.

2. Ses "fluctuat nec mergitur"
C'était pas d' 1a littératur',
N'en déplaise aux jeteurs de sort,
Aux jeteurs de sort,
Son capitaine et ses mat'lots
N'étaient pas des enfants d' salauds,
Mais des amis franco de port,
Des copains d'abord.

3. C'étaient pas des amis de lux',
Des petits Castor et Pollux,
Des gens de Sodome et Gomorrh',
Sodome et Gomorrh',
C'étaient pas des amis choisis
Par Montaigne et La Boéti',
Sur le ventre ils se tapaient fort,
Les copains d'abord.

4. C'étaient pas des anges non plus,
L'Evangile, ils l'avaient pas lu,
Mais ils s'aimaient tout's voil's dehors,
Toutes voil's dehors,
Jean, Pierre, Paul et compagnie,
C'était leur seule litanie,
Leur *Credo* leur *Confiteor,*
Aux copains d'abord.

5. Au moindre coup de Trafalgar,
C'est l'amitié qui prenait l' quart
C'est ell' qui leur montrait le nord,
Leur montrait le nord.
Et quand ils étaient en détress',
Qu' leurs bras lançaient des S.O.S.,
On aurait dit des sémaphores,
Les copains d'abord.

6. Au rendez-vous des bons copains
Y' avait pas souvent de lapins,
Quand l'un d'entre eux manquait à bord,
C'est qu'il était mort.
Oui, mais jamais, au grand jamais
Son trou dans l'eau n' se refermait,
Cent ans après, coquin de sort!
Il manquait encor.

7. Des bateaux, j'en ai pris beaucoup,
Mais le seul qui'ait tenu le coup,
Qui n'ait jamais viré de bord,
Mais viré de bord,
Naviguait en père peinard
Sur la grand-mare des canards
Et s'app'lait *les Copains d'abord,*
Les Copains d'abord.
} *bis*

Les Croquants

Paroles et Musique de Georges Brassens

2.
A7 G7 Dm E7 A7
Mais la Qui'a les yeux tendre' et les mains nues... Les cro -
Refrain
D F#9 F#7 Bm E7
quants, ça les at - tris - te, ça Les é - ton - ne, les é -
A7 D Bm A7 D
ton - ne, Qu'u - ne fille, u - ne fill' bell' comm' ça,
G F#7
S'a - ban - don - ne, s'a - ban - don - ne Au pre -

1. Les croquants vont en ville, à cheval sur leurs sous,
Acheter des pucelle' aux saintes bonnes gens,
Les croquants leur mett'nt à prix d'argent
La main dessus, la main dessous...
Mais la chair de Lisa, la chair fraîch' de Lison
(Que les culs cousus d'or se fass'nt une raison!)
C'est pour la bouch' du premier venu
Qui' a les yeux tendre' et les mains nues...

Refrain
Les croquants, ça les attriste, ça
Les étonne, les étonne,
Qu'une fille, une fill' bell' comm' ça,
S'abandonne, s'abandonne
Au premier ostrogoth venu:
Les croquants, ça tombe des nues.

2. Les fill's de bonnes mœurs, les fill's de bonne vie,
Qui' ont vendu leur fleurette à la foire à l'encan,
Vont s' vautrer dans la couch' des croquants,
Quand les croquants en ont envie...
Mais la chair de Lisa, la chair fraîch' de Lison
(Que les culs cousus d'or se fass'nt une raison!)
N'a jamais accordé ses faveurs
A contre-sous, à contrecœur...

3. Les fill's de bonne vie ont le cœur consistant
Et la fleur qu'on y trouve est garanti' longtemps,
Comm' les fleurs en papier des chapeaux,
Les fleurs en pierre des tombeaux...
Mais le cœur de Lisa, le grand cœur de Lison
Aime faire peau neuve avec chaque saison:
Jamais deux fois la même couleur,
Jamais deux fois la même fleur...

Les Deux Oncles

Paroles et Musique de Georges Brassens

Repr. ad libitum en diminuant

1. C'était l'oncle Martin, c'était l'oncle Gaston,
L'un aimait les Tommi's, l'autre aimait les Teutons.
Chacun, pour ses amis, tous les deux ils sont morts.
Moi, qui n'aimais personne, eh bien! je vis encor.

2. Maintenant, chers tontons, que les temps ont coulé,
Que vos veuves de guerre ont enfin convolé,
Que l'on a requinqué, dans le ciel de Verdun,
Les étoil's terni's du maréchal Pétain,

3. Maintenant que vos controverses se sont tu's,
Qu'on s'est bien partagé les cordes des pendus,
Maintenant que John Bull nous boude, maintenant
Que c'en est fini des querelles d'Allemand,

4. Que vos fill's et vos fils vont, la main dans la main,
Faire l'amour ensemble et l'Europ' de demain,
Qu'ils se souci'nt de vos batailles presque autant
Que l'on se souciait des guerres de Cent Ans,

5. On peut vous l'avouer, maintenant, chers tontons,
Vous l'ami des Tommi's, vous l'ami des Teutons,
Que, de vos vérités, vos contrevérités,
Tout le monde s'en fiche à l'unanimité.

6. De vos épurations, vos collaborations,
Vos abominations et vos désolations,
De vos plats de choucroute et vos tasses de thé,
Tout le monde s'en fiche à l'unanimité.

7. En dépit de ces souvenirs qu'on commémor',
Des flammes qu'on ranime aux monuments aux Morts,
Des vainqueurs, des vaincus, des autres et de vous,
Révérence parler, tout le monde s'en fout.

8. La vi', comme dit l'autre, a repris tous ses droits.
Elles ne font plus beaucoup d'ombre, vos deux croix,
Et, petit à petit, vous voilà devenus,
L'Arc de triomphe en moins, des soldats inconnus.

9. Maintenant, j'en suis sûr, chers malheureux tontons,
Vous, l'ami des Tommi's, vous, l'ami des Teutons,
Si vous aviez vécu, si vous étiez ici,
C'est vous qui chanteriez la chanson que voici,

10. Chanteriez, en trinquant ensemble à vos santés,
Qu'il est fou de perdre la vi' pour des idé's,
Des idé's comme ça, qui viennent et qui font
Trois petits tours, trois petits morts, et puis s'en vont,

11. Qu'aucune idé' sur terre est digne d'un trépas,
Qu'il faut laisser ce rôle à ceux qui n'en ont pas,
Que prendre, sur-le-champ, l'ennemi comme il vient,
C'est de la bouilli' pour les chats et pour les chiens,

12. Qu'au lieu de mettre en jou' quelque vague ennemi,
Mieux vaut attendre un peu qu'on le change en ami,
Mieux vaut tourner sept fois sa crosse dans la main,
Mieux vaut toujours remettre une salve à demain,

13. Que les seuls généraux qu'on doit suivre aux talons,
Ce sont les généraux des p'tits soldats de plomb.
Ainsi, chanteriez-vous tous les deux en suivant
Malbrough qui va-t-en guerre au pays des enfants.

14. O vous, qui prenez aujourd'hui la clé des cieux,
Vous, les heureux coquins qui, ce soir, verrez Dieu,
Quand vous rencontrerez mes deux oncles, là-bas,
Offrez-leur de ma part ces "Ne m'oubliez pas".

15. Ces deux myosotis fleuris dans mon jardin:
Un p'tit *forget me not* pour mon oncle Martin,
Un p'tit *vergiss mein nicht* pour mon oncle Gaston,
Pauvre ami des Tommi's, pauvre ami des Teutons...

Les Funérailles D'Antan

Paroles et Musique de Georges Brassens

F♯
C♯7
Mais les vi- vants au - jour - d'hui n'sont plus si gé - né - reux,
F♯
C♯7
Quand ils pos - sè - dent un mort ils le gard - ent pour eux.
F♯
F♯7
B
A♯7
C'est la rais - on pour la - quell', de - puis quel - ques an - nées,
Des tas d'en - ter - re -
D♯m
G♯7
C♯
A♯7
D♯m
G♯m
ments vous pas - sent sous le nez,
Des tas d'en - ter - re - ments vous

Refrain
F♯ C♯7 F♯ G♯7 C♯ D dim D♯m
pas - sent sous _ le nez. Mais où sont les fu - né - raill's d'an - tan? _
G♯7 C♯
Les pe - tits cor - bil - lards, cor - bil - lards, cor - bil - lards, cor - bil - lards De nos grands -
E♯7 A♯m E♯7
pè - res, Qui sui - vaient la route en ca - ho - tant, _
A♯m D♯7 G♯7
Les pe - tits mac - cha - bées, mac - cha - bées, mac - cha - bées, mac - cha - bées, Ronds et pros - pè - res...

C# Ddim D#m G#7 C#
Quand les hé - ri - tiers é - taient con - tents, Au fos - soy - eur, au croqu'
C# C#aug F# B#7
- mort, au cu - ré, aux che - vaux même, ils pay - aient un ver - re. El - les sont ré - vo -
E#7 G#m6 A#7 D#m G#7 C# A#m
lu's, El - les ont fait leur temps, Les bel - les pom, pom pom, pom, pom,
D#m G#7 C# F# B#7 E#m G#m6 A#7
pom - pes fu - nè - bres, On ne les r'ver - ra plus, Et c'est bien at - tris -

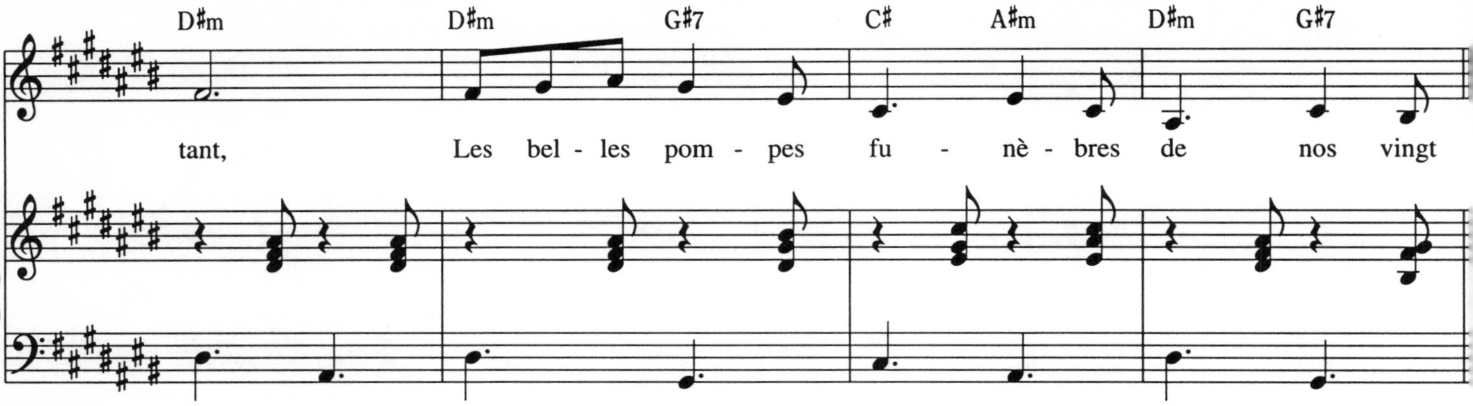

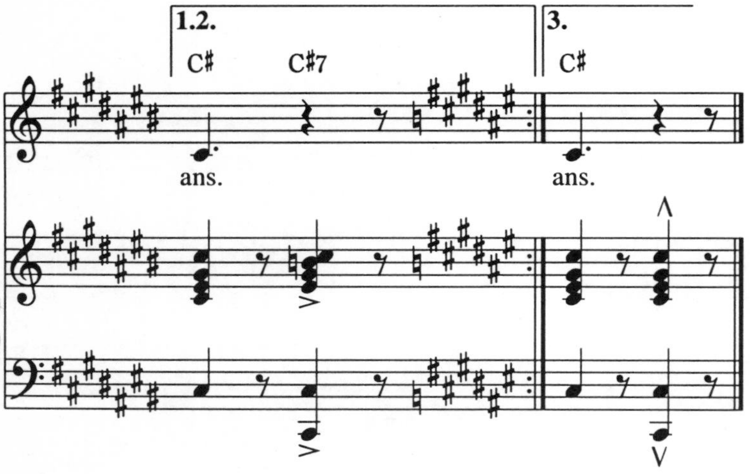

1.
Jadis, les parents des morts vous mettaient dans le bain,
De bonne grâce ils en f'saient profiter les copains:
"Y'a un mort à la maison, si le cœur vous en dit,
Venez l'pleurer avec nous sur le coup de midi..."
Mais les vivants aujourd'hui n' sont plus si généreux,
Quand ils possèdent un mort ils le gardent pour eux.
C'est la raison pour laquell', depuis quelques années,
Des tas d'enterrements vous passent sous le nez. *(bis)*

Refrain
Mais où sont les funéraill's d'antan?
Les petits corbillards, corbillards, corbillards, corbillards
De nos grands-pères,
Qui suivaient la route en cahotant,
Les petits macchabées, macchabées, macchabées, macchabées
Ronds et prospères...
Quand les héritiers étaient contents,
Au fossoyeur, au croqu'-mort, au curé, aux chevaux même,
Ils payaient un verre.
Elles sont révolu's,
Elles ont fait leur temps,
Les belles pom, pom, pom, pom, pom, pompes funèbres,
On ne les r'verra plus,
Est c'est bien attristant,
Les belles pompes funèbres de nos vingt ans.

2. Maintenant, les corbillards à tombeau grand ouvert
Emportent les trépassés jusqu'au diable vauvert,
Les malheureux n'ont mêm' plus le plaisir enfantin
D' voir leurs héritiers marron marcher dans le crottin.
L'autre semain' des salauds, à cent quarante a l'heur',
Vers un cimetièr' minable emportaient un des leurs...
Quand, sur un arbre en bois dur, ils se sont aplatis
On s'aperçut qu' le mort avait fait des petits. *(bis)*

3. Plutôt qu' d'avoir des obsèqu's manquant de fioritur's,
J'aim'rais mieux, tout compte fait, m' passer de sépultur',
J'aim'rais mieux mourir dans l'eau, dans le feu, n'importe où,
Et même, à la grand' rigueur, ne pas mourir du tout.
O, que renaisse le temps des morts bouffis d'orgueil,
L'époque des m'as-tu-vu-dans-mon-joli-cercueil,
Où, quitte à tout dépenser jusqu'au dernier écu,
Les gens avaient à cœur d' mourir plus haut qu' leur cul,
Les gens avaient à cœur de mourir plus haut que leur cul.

Mourir Pour Des Idées

Paroles et Musique de Georges Brassens

Am Dm G7 C
sus. Ils ont su me con-vain-cre et ma muse in-so-len-te, Ab-ju-
E7
rant ses er-reurs, se ral-lie à leur foi A-vec un soup-çon de ré-
Am F G7
ser-ve tou-te-fois: Mou-rons pour des i-dées, d'ac-cord, mais de mort len-
1 à 5
6. pour finir
C F E7 Am Am E7 Am
te, d'ac-cord, mais de mort len-te. -te.

1. Mourir pour des idé's, l'idée est excellente.
Moi, j'ai failli mourir de ne l'avoir pas eu',
Car tous ceux qui l'avaient, multitude accablante,
En hurlant à la mort me sont tombés dessus.
Ils ont su me convaincre et ma muse insolente,
Abjurant ses erreurs, se rallie à leur foi
Avec un soupçon de réserve toutefois:
Mourons pour des idées, d'accord, mais de mort lente,
D'accord, mais de mort lente.

2. Jugeant qu'il n'y a pas péril en la demeure,
Allons vers l'autre monde en flânant en chemin
Car, à forcer l'allure, il arrive qu'on meure
Pour des idé's n'ayant plus cours le lendemain.
Or, s'il est une chose amère, désolante,
En rendant l'âme à Dieu c'est bien de constater
Qu'on a fait fausse rout', qu'on s'est trompé d'idé',
Mourons pour des idé's, d'accord, mais de mort lente,
D'accord, mais de mort lente.

3. Les saints Jean Bouche d'or qui prêchent le martyre,
Le plus souvent, d'ailleurs, s'attardent ici-bas.
Mourir pour des idé's, c'est le cas de le dire,
C'est leur raison de vivre, ils ne s'en privent pas.
Dans presque tous les camps on en voit qui supplantent
Bientôt Mathusalem dans la longévité.
J'en conclus qu'ils doivent se dire, en aparté:
"Mourons pour des idé's, d'accord, mais de mort lente,
D'accord, mais de mort lente."

4. Des idé's réclamant le fameux sacrifice,
Les sectes de tout poil en offrent des séquelles,
Et la question se pose aux victimes novices:
Mourir pour des idé's, c'est bien beau, mais lesquelles?
Et comme toutes sont entre elles ressemblantes,
Quand il les voit venir, avec leur gros drapeau,
Le sage, en hésitant, tourne autour du tombeau.
Mourons pour des idé's, d'accord, mais de mort lente,
D'accord, mais de mort lente.

5. Encor s'il suffisait de quelques hécatombes
Pour qu'enfin tout changeât, qu'enfin tout s'arrangeât!
Depuis tant de "grands soirs" que tant de têtes tombent,
Au paradis sur terre on y serait déjà.
Mais l'âge d'or sans cesse est remis aux calendes,
Les dieux ont toujours soif, n'en ont jamais assez,
Et c'est la mort, la mort toujours recommencé'...
Mourons pour des idé's, d'accord, mais de mort lente,
D'accord, mais de mort lente.

6. O vous, les boutefeux, ô vous, les bons apôtres,
Mourez donc les premiers, nous vous cédons le pas
Mais, de grâce, morbleu! laissez vivre les autres!
La vie est à peu près leur seul luxe ici-bas;
Car, enfin, la Camarde est assez vigilante,
Elle n'a pas besoin qu'on lui tienne la faux.
Plus de danse macabre autour des échafauds!
Mourons pour des idé's, d'accord, mais de mort lente,
D'accord, mais de mort lente.

Les Passantes

Musique de Georges Brassens
Poème d'Antoine Pol

1. Je veux dédier ce poème
A toutes les femmes qu'on aime
Pendant quelques instants secrets,
A celles qu'on connaît à peine,
Qu'un destin différent entraîne
Et qu'on ne retrouve jamais.

2. A celle qu'on voit apparaître
Une seconde, à la* fenêtre,
Et qui, preste, s'évanouit,
Mais dont la svelte silhouette
Est si gracieuse et fluette
Qu'on en demeure épanoui.

3. A la compagne de voyage
Dont les yeux, charmant paysage,
Font paraître court le chemin;
Qu'on est seul peut-être à comprendre,
Et qu'on laisse pourtant descendre
Sans avoir effleuré sa** main.

4. A celles qui sont déjà prises,
Et qui vivant des heures grises
Près d'un être trop différent,
Vous ont, inutile folie,
Laissé voir la mélancolie
D'un avenir désespérant.

5. Chères images aperçues,
Espérances d'un jour déçues,
Vous serez dans l'oubli demain;
Pour peu que le bonheur survienne,
Il est rare qu'on se souvienne
Des épisodes du chemin.

6. Mais si l'on a manqué sa vie,
On songe, avec un peu d'envie,
A tous ces bonheurs entrevus,
***Aux cœurs qui doivent vous attendre,
***Aux baisers qu'on n'osa pas prendre,
Aux yeux qu'on n'a jamais revus.

7. Alors, aux soirs de lassitude,
Tout en peuplant sa solitude
Des fantômes du souvenir,
On pleure les lèvres absentes
De toutes les**** belles passantes
Que l'on n'a pas su retenir.

Variantes G.B.:
* sa.
** la.
*** vers intervertis.
**** ces.

Les Sabots D'Hélène

Paroles et Musique de Georges Brassens

Bm
F♯
Bm
Ne cher - che plus long - temps de fon - tai - ne, Toi qui as
Em/G
Em
F♯
Bm
be - soin d'eau,
Ne cher - che plus: aux
F♯
Bm
E7
A7
lar - mes d'Hé - lè - ne Va - t'en rem - plir ton
D
Em
A7
D
seau. Moi j'ai pris la pei - ne De les dé - chaus - ser,
3

Bm Em A7 D
Les sa - bots d'Hé - lène, Moi qui ne suis pas ca - pi - tai - ne,
Em Em/G F♯
Et j'ai vu ma pei - ne Bien ré - com - pen - sée...
Bm F♯ Bm
Dans les sa - bots de la pauvre Hé - lè - ne, Dans ses sa -
Em/G Em F♯ Bm
bots crot - tés, Moi j'ai trou - vé les
3
3

1. Les sabots d'Hélène
Etaient tout crottés,
Les trois capitaines
L'auraient appelé' vilaine,
Et la pauvre Hélène
Etait comme une âme en peine...
Ne cherche plus longtemps de fontaine,
Toi qui as besoin d'eau,
Ne cherche plus: aux larmes d'Hélène
Va-t'en remplir ton seau.

2. Moi j'ai pris la peine
De les déchausser,
Les sabots d'Hélène,
Moi qui ne suis pas capitaine,
Et j'ai vu ma peine
Bien récompensée...
Dans les sabots de la pauvre Hélène,
Dans ses sabots crottés,
Moi j'ai trouvé les pieds d'une reine
Et je les ai gardés.

3. Son jupon de laine
Etait tout mité,
Les trois capitaines
L'auraient appelé' vilaine,
Et la pauvre Hélène
Etait comme une âme en peine...
Ne cherche plus longtemps de fontaine,
Toi qui as besoin d'eau,
Ne cherche plus: aux larmes d'Hélène
Va-t'en remplir ton seau.

4. Moi j'ai pris la peine
De le retrousser,
Le jupon d'Hélène,
Moi qui ne suis pas capitaine,
Et j'ai vu ma peine
Bien récompensée...
Sous le jupon de la pauvre Hélène,
Sous son jupon mité,
Moi j'ai trouvé des jambes de reine
Et je les ai gardées.

5. Et le cœur d'Hélène
N' savait pas chanter,
Les trois capitaines
L'auraient appelé' vilaine,
Et la pauvre Hélène
Etait comme une âme en peine...
Ne cherche plus longtemps de fontaine,
Toi qui as besoin d'eau,
Ne cherche plus: aux larmes d'Hélène
Va-t'en remplir ton seau.

6. Moi j'ai pris la peine
De m'y arrêter,
Dans le cœur d'Hélène,
Moi qui ne suis pas capitaine,
Et j'ai vu ma peine
Bien récompensée...
Et, dans le cœur de la pauvre Hélène,
Qu'i-avait jamais chanté,
Moi j'ai trouvé l'amour d'une reine
Et moi je l'ai gardé.

Les Trompettes De La Renommée

Paroles et Musique de Georges Brassens

F Bb E7 Am
fu - sant d'ac - quit - ter la ran - çon de la gloir', Sur
Dm Am B7 E7
mon brin de lau - rier je dor - mais comme un loir. Les
Am F#dim B7 Em Gm6
gens de bon con - seil ont su me fair' com - pren - dre Qu'à
A7 Dm G7 C
l'hom - me de la ru' j'a - vais des compt's à ren - dre Et

F
B♭
E7
Am
que, sous pein' de choir dans un ou - bli com - plet, J'de -
B7
E7
Am
vais mettre au grand jour tous mes pe - tits se - crets. Trom -
Refrain
C
E7
Am
pet - tes De la Re - nom - mée, Vous ê - tes Bien
Em
1 à 7
Am
8.
Am
mal em - bou - chées!
2. Man - chées!

1. Je vivais à l'écart de la place publique,
Serein, contemplatif, ténébreux, bucolique...
Refusant d'acquitter la rançon de la gloir',
Sur mon brin de laurier je dormais comme un loir.
Les gens de bon conseil ont su me fair' comprendre
Qu'à l'homme de la ru' j'avais des compt's à rendre
Et que, sous pein' de choir dans un oubli complet,
J' devais mettre au grand jour tous mes petits secrets.

Refrain
Trompettes
De la Renommée,
Vous êtes
Bien mal embouchées!

2. Manquant à la pudeur la plus élémentaire,
Dois-je, pour les besoins d' la caus' publicitaire,
Divulguer avec qui et dans quell' position
Je plonge dans le stupre et la fornication?
Si je publi' des noms, combien de Pénélopes
Passeront illico pour des fieffé's salopes,
Combien de bons amis me r'gard'ront de travers,
Combien je recevrai de coups de revolver!
(au refrain)

3. A toute exhibition ma nature est rétive,
Souffrant d'un' modesti' quasiment maladive,
Je ne fais voir mes organes procréateurs
A personne, excepté mes femm's et mes docteurs.
Dois-je, pour défrayer la chroniqu' des scandales,
Battré l' tambour avec mes parti's génitales,
Dois-je les arborer plus ostensiblement,
Comme un enfant de chœur porte un saint sacrement?
(au refrain)

4. Une femme du monde, et qui souvent me laisse
Fair' mes quat' voluptés dans ses quartiers d' noblesse,
M'a sournois'ment passé, sur son divan de soi',
Des parasit's du plus bas étage qui soit...
Sous prétexte de bruit, sous couleur de réclame,
Ai-j' le droit de ternir l'honneur de cette dame
En criant sur les toits et sur l'air des lampions:
"Madame la marquis' m'a foutu des morpions?"
(au refrain)

5. Le ciel en soit loué, je vis en bonne entente
Avec le Pèr' Duval, la calotte chantante,
Lui, le catéchumène, et moi, l'énergumèn',
Il me laiss' dire *merd',* je lui laiss' dire *amen,*
En accord avec lui, dois-je écrir' dans la presse
Qu'un soir je l'ai surpris aux genoux d' ma maîtresse,
Chantant la mélopé' d'une voix qui susurre,
Tandis qu'ell' lui cherchait des poux dans la tonsure?
(au refrain)

6. Avec qui, ventrebleu! faut-il donc que je couche
Pour fair' parler un peu la déesse aux cents bouches?
Faut-il qu'un' femm' célèbre, une étoile, une star,
Vienn' prendre entre mes bras la plac' de ma guitar'?
Pour exciter le peuple et les folliculaires,
Qui'est-c' qui veut me prêter sa croupe populaire,
Qui'est-c' qui veut m' laisser faire, *in naturalibus,*
Un p'tit peu d'alpinism' sur son mont de Vénus?
(au refrain)

7. Sonneraient-ell's plus fort, ces divines trompettes,
Si, comm' tout un chacun, j'étais un peu tapette,
Si je me déhanchais comme une demoiselle
Et prenais tout à coup des allur's de gazelle?
Mais je ne sache pas qu' ça profite à ces drôles
De jouer le jeu d' l'amour en inversant les rôles,
Qu' ça confère à leur gloire une onc' de plus-valu',
Le crim' pédérastique aujourd'hui ne pai' plus.
(au refrain)

8. Après c' tour d'horizon des mille et un' recettes
Qui vous val'nt à coup sûr les honneurs des gazettes,
J'aime mieux m'en tenir à ma premièr' façon
Et me gratter le ventre en chantant des chansons.
Si le public en veut, je les sors dare-dare,
S'il n'en veut pas je les remets dans ma guitare.
Refusant d'acquitter la rançon de la gloir',
Sur mon brin de laurier, je m'endors comme un loir.
(au refrain)

Marinette

Paroles et Musique de Georges Brassens

1. Quand j'ai couru chanter ma p'tit' chanson pour Marinette,
La belle, la traîtresse était allée à l'Opéra...
Avec ma p'tit' chanson, j'avais l'air d'un con, ma mère,
Avec ma p'tit' chanson, j'avais l'air d'un con.

2. Quand j'ai couru porter mon pot de moutarde à Marinette,
La belle, la traîtresse avait déjà fini d' dîner...
Avec mon petit pot, j'avais l'air d'un con, ma mère,
Avec mon petit pot, j'avais l'air d'un con.

3. Quand j'offris pour étrenne' un' bicyclette à Marinette,
La belle, la traîtresse avait acheté une auto...
Avec mon p'tit vélo, j'avais l'air d'un con, ma mère,
Avec mon p'tit vélo, j'avais l'air d'un con.

4. Quand j'ai couru, tout chose, au rendez-vous de Marinette,
La bell' disait: "J' t'adore!" à un sal' typ' qui l'embrassait...
Avec mon bouquet d' fleurs, j'avais l'air d'un con, ma mère,
Avec mon bouquet d' fleurs, j'avais l'air d'un con.

5. Quand j'ai couru brûler la p'tit' cervelle à Marinette,
La belle était déjà morte d'un rhume mal placé...
Avec mon revolver, j'avais l'air d'un con, ma mère,
Avec mon revolver, j'avais l'air d'un con.

6. Quand j'ai couru, lugubre, a l'enterr'ment de Marinette,
La belle, la traîtresse était déjà ressuscitée...
Avec ma p'tit' couronn', j'avais l'air d'un con, ma mère,
Avec ma p'tit' couronn', j'avais l'air d'un con.

Oncle Archibald

Paroles et Musique de Georges Brassens

G A7 D D7
phè - tes, Comp - tez plus
G F#7
sur oncle Ar - chi - bald Pour pay - er les vio - lons du
Bm Em A7 D Em A7
bal A vos fê - tes, A vos fê -
1 á 10
11.
D D A7 D
tes. 2. En cou - rant - ces.

1. O vous, les arracheurs de dents,
Tous les cafards, les charlatans,
Les prophètes,
Comptez plus sur oncle Archibald
Pour payer les violons du bal
A vos fêtes... *(bis)*

2. En courant sus à un voleur
Qui venait de lui chiper l'heure
A sa montre,
Oncle Archibald,– coquin de sort!
Fit, de Sa Majesté la Mort,
La rencontre... *(bis)*

3. Telle un' femm' de petit' vertu
Elle arpentait le trottoir du
Cimetière,
Aguichant les homm's en troussant
Un peu plus haut qu'il n'est décent
Son suaire... *(bis)*

4. Oncle Archibald, d'un ton gouailleur,
Lui dit: "Va-t-en fair' pendre ailleurs
Ton squelette...
Fi! des femelles décharnées!
Vive les bell's un tantinet
Rondelettes!" *(bis)*

5. Lors, montant sur ses grands chevaux,
La Mort brandit la longue faux
D'agronome
Qu'elle serrait dans son linceul,
Et faucha d'un seul coup, d'un seul,
Le bonhomme...*(bis)*

6. Comme il n'avait pas l'air content,
Elle lui dit: "Ça fait longtemps
Que je t'aime...
Et notre hymen à tous les deux
Etait prévu depuis l' jour de
Ton baptême..." *(bis)*

7. "Si tu te couches dans mes bras,
Alors la vi' te semblera
Plus facile...
Tu y seras hors de portée
Des chiens, des loups, des homm's et des
Imbéciles... *(bis)*

8. "Nul n'y contestera tes droits,
Tu pourras crier: *Viv' le roi!*
Sans intrigue...
Si l'envi' te prend de changer,
Tu pourras crier sans danger:
Viv' la ligue!" (bis)

9. "Ton temps de dupe est révolu,
Personne ne se payera plus
Sur ta bête...
Les "Plaît-il, maître?" auront plus cours,
Plus jamais tu n'auras à cour-
-ber la tête... *(bis)*

10. Et mon oncle emboîta le pas
De la bell', qui ne semblait pas,
Si féroce...
Et les voilà, bras d'ssus, bras d'ssous,
Les voilà partis je n' sais où
Fair' leurs noces... *(bis)*

11. O vous, les arracheurs de dents,
Tous les cafards, les charlatans,
Les prophètes,
Comptez plus sur oncle Archibald
Pour payer les violons du bal
A vos fêtes... *(bis)*

Pauvre Martin

Paroles et Musique de Georges Brassens

Allegro moderato

Bm F#7 C#m/G# F#7/A# Bm
Refrain
lait tri - mer aux champs! Pau - vre Mar -
Em6 F#7 Bm Em6/C# F#7
tin, pau - vre mi - sè - re, Creu - se la ter - re, creu - se le
Bm
D.S.
temps! 2. Pour ga - gner
Coda
Bm
dé - ran - ger les
F#7 Bm Em6 F#7
gens... Pau - vre Mar - tin, pau - vre mi -

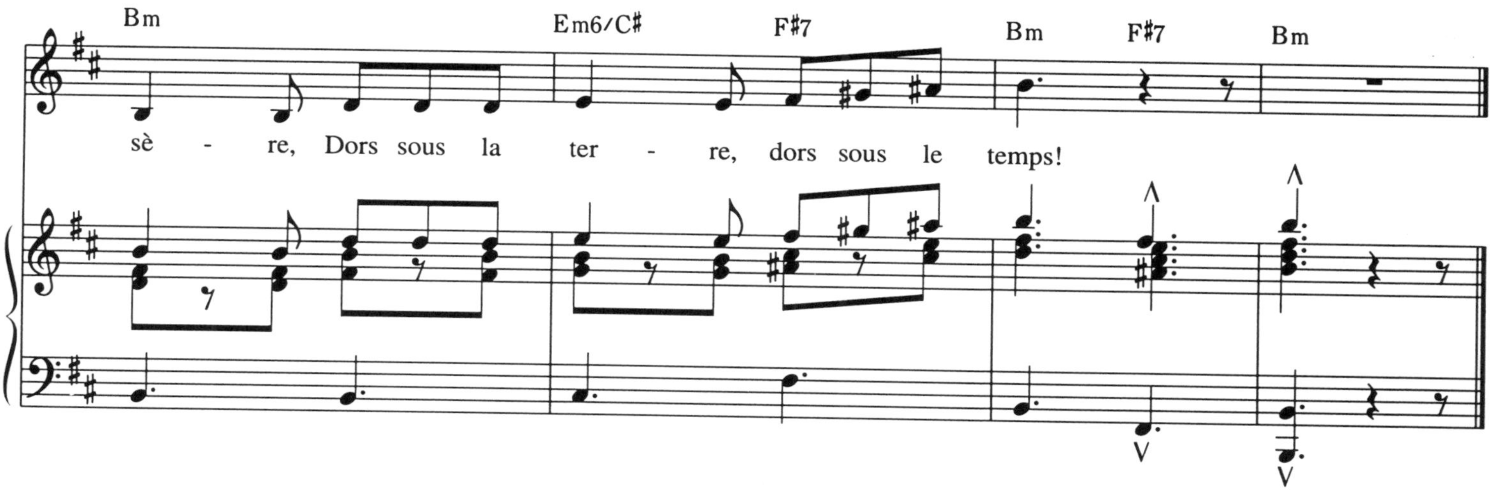

1. Avec une bêche à l'épaule,
Avec, à la lèvre, un doux chant,
Avec, à la lèvre, un doux chant,
Avec, à l'âme, un grand courage,
Il s'en allait trimer aux champs!

Pauvre Martin, pauvre misère,
Creuse la terre, creuse le temps!

2. Pour gagner le pain de sa vie,
De l'aurore jusqu'au couchant,
De l'aurore jusqu'au couchant,
Il s'en allait bêcher la terre
En tous les lieux, par tous les temps!

Pauvre Martin, pauvre misère,
Creuse la terre, creuse le temps!

3. Sans laisser voir, sur son visage,
Ni l'air jaloux ni l'air méchant,
Ni l'air jaloux ni l'air méchant,
Il retournait le champ des autres,
Toujours bêchant, toujours bêchant!

Pauvre Martin, pauvre misère,
Creuse la terre, creuse le temps!

4. Et quand la mort lui a fait signe
De labourer son dernier champ,
De labourer son dernier champ,
Il creusa lui-même sa tombe
En faisant vite, en se cachant...

Pauvre Martin, pauvre misère,
Creuse la terre, creuse le temps!

5. Il creusa lui-même sa tombe
En faisant vite, en se cachant.
En faisant vite, en se cachant,
Et s'y étendit sans rien dire
Pour ne pas déranger les gens...

Pauvre Martin, pauvre misère,
Dors sous la terre, dors sous le temps!

Quatre-Vingt-Quinze Pour Cent

Paroles et Musique de Georges Brassens

Bm C#7 F#7
de pas-sion bru-tale, La femme est a-vant tout sen-ti-men-tale.
G A7 D Bm
Main dans la main les lon-gues pro-me-na-des,
Em F#7 Bm Em
Les fleurs, les bil-lets doux, les sé-ré-na-des, Les cri-mes, les fo-
F#7 Bm C#7 F#7
li's que pour ses beaux yeux l'on com-met La trans-por-tent,

Refrain
Bm D A7 D
mais... Qua - tre - vingt - quin - ze fois sur cent, La fem - me s'em -
F♯7 Bm F♯7 Bm
merde en bai - sant. Qu'el - le le taise ou le con - fesse C'est pas tous les jours qu'on lui dé -
A7 D A7 D F♯7
ri - de les fes - ses. Les pau - vres bou - gres con - vain - cus Du con - trai - re sont des co - cus.
G A7 D Bm Em A7 B7
A l'heure de l'œu - vre de chair Elle est sou - vent tris - te, peu - chèr'!

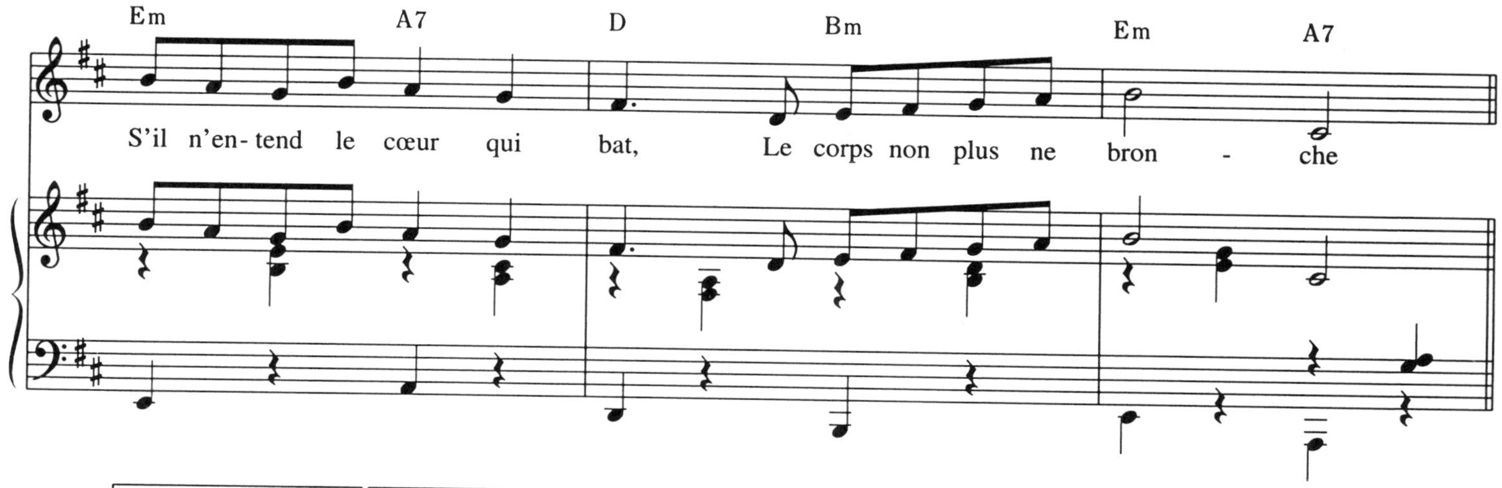

1. La femme qui possède tout en elle
Pour donner le goût des fêtes charnelles,
La femme qui suscite en nous tant de passion brutale,
La femme est avant tout sentimentale.
Main dans la main les longues promenades,
Les fleurs, les billets doux, les sérénades,
Les crimes, les foli's que pour ses beaux yeux l'on commet
La transportent, mais...

Refrain
Quatre-vingt-quinze fois sur cent,
La femme s'emmerde en baisant.
Qu'elle le taise ou le confesse
C'est pas tous les jours qu'on lui déride les fesses.
Les pauvres bougres convaincus
Du contraire sont des cocus.
A l'heure de l'œuvre de chair
Elle est souvent triste, peuchèr' !
S'il n'entend le cœur qui bat,
Le corps non plus ne bronche pas...

2. Sauf quand elle aime un homme avec tendresse,
Toujours sensible alors à ses caresses,
Toujours bien disposé', toujours encline à s'émouvoir,
Ell' s'emmerd' sans s'en apercevoir.
Ou quand elle a des besoins tyranniques,
Qu'elle souffre de nymphomani' chronique,
C'est ell' qui fait alors passer à ses adorateurs
De fichus quarts d'heure. *(au refrain)*

3. Les "encore", les "c'est bon", les "continue"
Qu'ell' cri' pour simuler qu'ell' monte aux nues,
C'est pure charité, les soupirs des anges
Ne sont en général que de pieux mensonges.
C'est à seule fin que son partenaire
Se croit un amant extraordinaire,
Que le coq imbécile et prétentieux perché dessus
Ne soit pas déçu. *(au refrain)*

4. J'entends aller bon train les commentaires
De ceux qui font des châteaux à Cythère:
"C'est parce que tu n'es qu'un malhabile, un maladroit,
Qu'elle conserve toujours son sang-froid."
Peut-être, mais si les assauts vous pèsent
De ces petits m'as-tu-vu-quand-je-baise,
Mesdam's, en vous laissant manger le plaisir sur le dos,
Chantez in petto... (au refrain)

Sauf Le Respect Que Je Vous Dois

Paroles et Musique de Georges Brassens

Allegro moderato

1. Si vous y tenez tant, parlez-moi des affair's publiques,
Encore que ce sujet me rende un peu mélancolique,
Parlez-m'en toujours, je n' vous en tiendrai pas rigueur...
Parlez-moi d'amour et j' vous fous mon poing sur la gueule,
Sauf le respect que je vous dois.

2. Fi des chantres bêlants qui taquin'nt la muse érotique,
Des poètes galants qui lèchent le cul d'Aphrodite,
Des auteurs courtois qui vont en se frappant le cœur...
Parlez-moi d'amour et j' vous fous mon poing sur la gueule,
Sauf le respect que je vous dois.

3. Naguère, mes idé's reposaient sur la non-violence,
Mon agressivité, je l'avais réduite au silence,
Mais tout tourne court, ma compagne était une gueuse...
Parlez-moi d'amour et j' vous fous mon poing sur la gueule,
Sauf le respect que je vous dois.

4. Ancienne enfant trouvé' n'ayant connu père ni mère,
Coiffé' d'un chap'ron rouge ell' s'en fut, ironie amère,
Porter soi-disant une galette à son aïeule...
Parlez-moi d'amour et j' vous fous mon poing sur la gueule,
Sauf le respect que je vous dois.

5. Je l'attendis un soir, je l'attendis jusqu'à l'aurore,
Je l'attendis un an, pour peu je l'attendrais encore,
Un loup de rencontre aura séduit cette fugueuse...
Parlez-moi d'amour et j' vous fous mon poing sur la gueule,
Sauf le respect que je vous dois.

6. Cupidon, ce salaud, geste qui chez lui n'est pas rare,
Avait trempé sa flèche un petit peu dans le curare,
Le philtre magique avait tout du bouillon d'onze heures...
Parlez-moi d'amour et j' vous fous mon poing sur la gueule,
Sauf le respect que je vous dois.

7. Ainsi qu'il est fréquent, sous la blancheur de ses pétales,
La marguerite cachait une tarentule, un crotale,
Une vrai' vipère à la fois lubrique et visqueuse...
Parlez-moi d'amour et j' vous fous mon poing sur la gueule,
Sauf le respect que je vous dois.

8. Que le septième ciel sur ma pauvre tête retombe!
Lorsque le désespoir m'aura mis au bord de la tombe,
Cet ultime discours s'exhalera de mon linceul:
Parlez-moi d'amour et j' vous fous mon poing sur la gueule,
Sauf le respect que je vous dois.

Stances À Un Cambrioleur

Paroles et Musique de Georges Brassens

Allegro moderato (rubato)

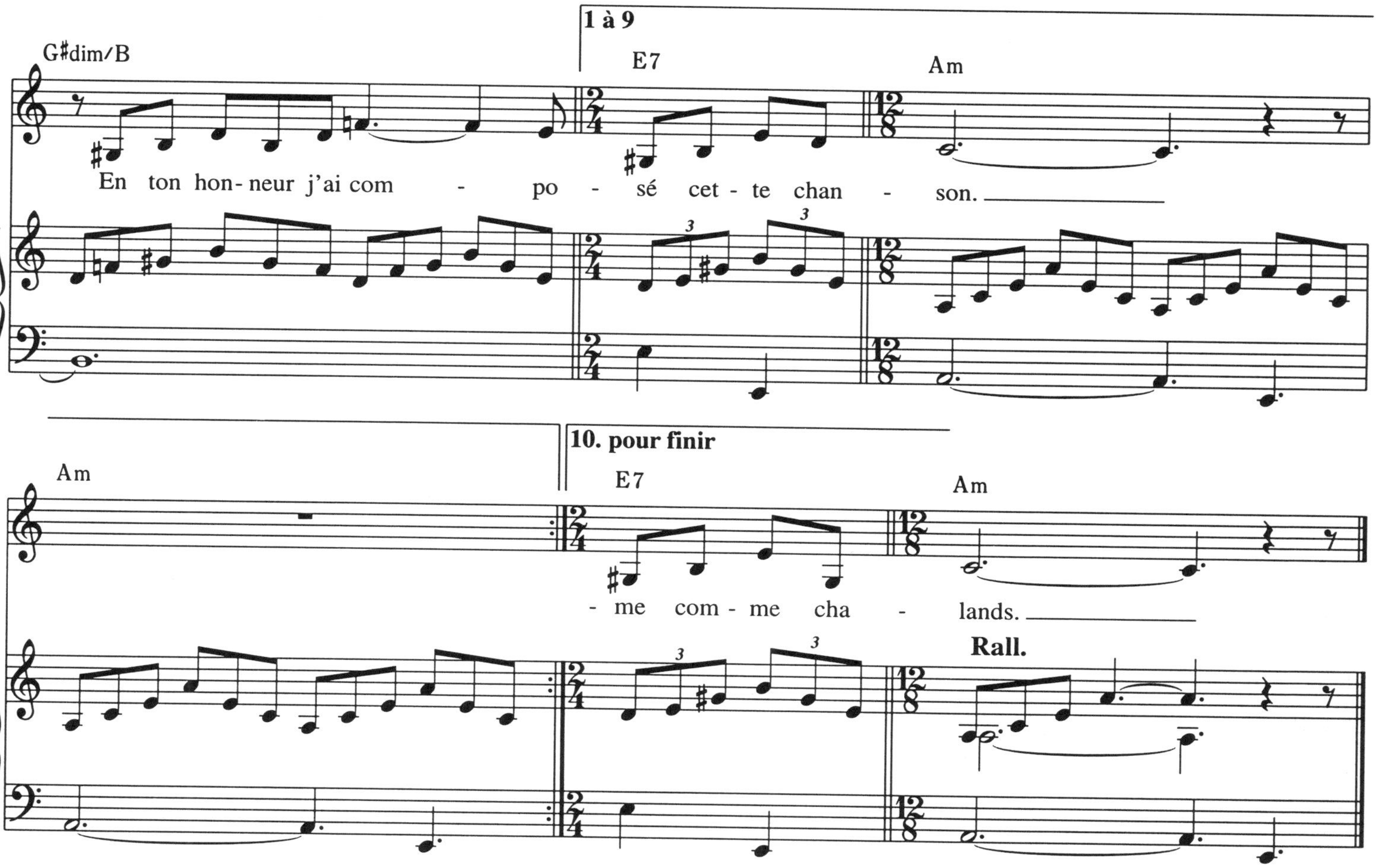

1. Prince des mont'-en-l'air et de la cambriole,
Toi, qui eus le bon goût de choisir ma maison,
Cependant que je colportais mes gaudrioles,
En ton honneur j'ai composé cette chanson.

2. Sache que j'apprécie à sa valeur le geste
Qui te fit bien fermer la porte en repartant
De peur que des rôdeurs n'emportassent le reste,
Les voleurs comme il faut, c'est rare de ce temps.

3. Tu ne m'as dérobé que le strict nécessaire,
Délaissant, dédaigneux, l'exécrable portrait
Que l'on m'avait offert à mon anniversaire,
Quel bon critique d'art, mon salaud, tu ferais!

4. Autre signe indiquant toute absence de tare,
Respectueux du brave travailleur, tu n'as
Pas cru décent de me priver de ma guitare,
Solidarité sainte de l'artisanat.

5. Pour toutes ces raisons, vois-tu, je te pardonne
Sans arrière-pensée après mûr examen,
Ce que tu m'as volé, mon vieux, je te le donne,
Ça pouvait pas tomber en de meilleures mains.

6. D'ailleurs, moi qui te parle, avec mes chansonnettes,
Si je n'avais pas dû rencontrer le succès,
J'aurais, tout comme toi, pu virer malhonnête,
Je serais devenu ton complice, qui sait?

7. En vendant ton butin, prends garde au marchandage,
Ne va pas tout lâcher en solde aux receleurs,
Tiens-leur la dragée haute en évoquant l'adage
Qui dit que ces gens-là sont pis que les voleurs.

8. Fort de ce que je n'ai pas sonné les gendarmes,
Ne te crois pas du tout tenu de revenir,
Ta moindre récidive abolirait le charme,
Laisse-moi, je t'en pri', sur un bon souvenir.

9. Mont'-en-l'air, mon ami, que mon bien te profite,
Que Mercure te préserve de la prison,
Et pas trop de remords, d'ailleurs, nous sommes quittes,
Après tout ne te dois-je pas une chanson?

10. *Post-scriptum.* Si le vol est l'art que tu préfères,
Ta seule vocation, ton unique talent,
Prends donc pignon sur ru', mets-toi dans les affaires,
Et tu auras les flics même comme chalands.

Tempête Dans Un Bénitier

Paroles et Musique de Georges Brassens

F7 B♭7 E♭ B♭ F7
font un sa - ta - né chan - tier. Ils ne savent pas ce qu'ils
B♭ F7 B♭
per - dent, Tous ces fich - us ca - lo - tins, Sans le la - tin, sans
G7 Cm G7
le la - tin, La mes - se nous em - mer - de. A la fê - te li - tur -
Cm G7 Cm
gi - que, Plus de grand's pom - pes, sou - dain, Sans le la - tin, sans

F7 Faug B♭ F7
le la-tin, Plus de mys-tère ma-gi-que. Le ri-te qui nous en-
B♭ F7 B♭
voû-te S'a-vère a-lors a-no-din, Sans le la-tin, sans
B♭7 E♭ B♭dim
le la-tin, Et les fi-dèl's s'en fou-tent. O très Sain-te Ma-rie, mèr' de
al Coda pour finir
Dm G7 C7 F7
Dieu, di-tes à ces pu-tains De moi-nes qu'ils nous em-mer-dent Sans le la-

1. Tempête dans un bénitier,
Le souverain pontife avecque
Les évêques, les archevêques,
Nous font un satané chantier.

Ils ne savent pas ce qu'ils perdent,
Tous ces fichus calotins,
Sans le latin, sans le latin,
La messe nous emmerde.
A la fête liturgique,
Plus de grand's pompes, soudain,
Sans le latin, sans le latin,
Plus de mystère magique.
Le rite qui nous envoûte
S'avère alors anodin,
Sans le latin, sans le latin
Et les fidèl's s'en foutent.
O très Sainte Marie, mèr' de
Dieu, dites à ces putains
De moines qu'ils nous emmerdent
Sans le latin.

2. Je ne suis pas le seul, morbleu;
Depuis que ces règles sévissent,
A ne plus me rendre à l'office
Dominical que quand il pleut.

Ils ne savent pas ce qu'ils perdent,
Tous ces fichus calotins,
Sans le latin, sans le latin,
La messe nous emmerde.
En renonçant à l'occulte,
Faudra qu'ils fassent tintin
Sans le latin, sans le latin,
Pour le denier du culte.
A la saison printanière
Suisse, bedeau, sacristain,
Sans le latin, sans le latin
F'ront l'églis' buissonnière.
O très Sainte Marie, mèr' de
Dieu, dites à ces putains
De moines qu'ils nous emmerdent
Sans le latin.

3. Ces oiseaux sont des enragés,
Ces corbeaux qui scient, rognent, tranchent
La saine et bonne vieille branche
De la croix où ils sont perchés.

Ils ne savent pas ce qu'ils perdent,
Tous ces fichus calotins,
Sans le latin, sans le latin,
La messe nous emmerde.
Le vin du sacré calice
Se change en eau de boudin,
Sans le latin, sans le latin
Et ses vertus faiblissent.
A Lourdes, Sète ou bien Parme,
Comme à Quimper Corentin,
Le presbytère sans le latin
A perdu de son charme.
O très Sainte Marie, mèr' de
Dieu, dites à ces putains
De moines qu'ils nous emmerdent
Sans le latin.

} *bis*

Supplique Pour Etre Enterré
À La Plage De Sète

Paroles et Musique de Georges Brassens

Allegro moderato (♩ = 112)

Coda
F♯7 Bm G F♯7 G
er un co-di-cil-le.
Qui pas-se sa
A7 D B7 Em
mort en va-can-ces...
Vous en-vie-rez un peu
Bm G
l'é-ter-nel es-ti-vant, Qui fait du pé-da-lo sur la vague en rê-vant, Qui pas-se
F♯7 G A Bm A G A Bm
sa mort en va-cances...

1. La Camarde, qui ne m'a jamais pardonné
D'avoir semé des fleurs dans les trous de son nez,
Me poursuit d'un zèle imbécile.
Alors, cerné de près par les enterrements,
J'ai cru bon de remettre à jour mon testament,
De me payer un codicille.

2. Trempe, dans l'encre bleu' du golfe du Lion,
Trempe, trempe ta plume, ô mon vieux tabellion,
Et, de ta plus belle écriture,
Note ce qu'il faudrait qu'il advînt de mon corps,
Lorsque mon âme et lui ne seront plus d'accord
Que sur un seul point: la rupture.

3. Quand mon âme aura pris son vol à l'horizon
Vers celles de Gavroche et de Mimi Pinson,
Celles des titis, des grisettes,
Que vers le sol natal mon corps soit ramené
Dans un sleeping du "Paris-Méditerranée",
Terminus en gare de Sète.

4. Mon caveau de famille, hélas! n'est pas tout neuf.
Vulgairement parlant, il est plein comme un œuf,
Et, d'ici que quelqu'un n'en sorte,
Il risque de se faire tard et je ne peux
Dire à ces braves gens "Poussez-vous donc un peu!"
Place aux jeunes en quelque sorte.

5. Juste au bord de la mer, à deux pas des flots bleus,
Creusez, si c'est possible, un petit trou moelleux,
Une bonne petite niche,
Auprès de mes amis d'enfance, les dauphins,
Le long de cette grève où le sable est si fin,
Sur la plage de la Corniche.

6. C'est une plage où, même à ses moments furieux,
Neptune ne se prend jamais trop au sérieux,
Où, quand un bateau fait naufrage,
Le capitain' cri': "Je suis le maître à bord!
Sauve qui peut! Le vin et le pastis d'abord!
Chacun sa bonbonne et courage!"

7. Et c'est là que, jadis, à quinze ans révolus,
A l'âge où s'amuser tout seul ne suffit plus,
Je connus la prime amourette.
Auprès d'une sirène, une femme-poisson,
Je reçus de l'amour la première leçon,
Avalai la première arête.

8. Déférence gardée envers Paul Valéry,
Moi, l'humble troubadour, sur lui je renchéris,
Le bon maître me le pardonne,
Et qu'au moins, si ses vers valent mieux que les miens,
Mon cimetière soit plus marin que le sien,
Et n'en déplaise aux autochtones.

9. Cette tombe en sandwich, entre le ciel et l'eau,
Ne donnera pas une ombre triste au tableau,
Mais un charme indéfinissable.
Les baigneuses s'en serviront de paravent
Pour changer de tenue, et les petits enfants
Diront: Chouette! un château de sable!"

10. Est-ce trop demander...! Sur mon petit lopin,
Plantez, je vous prie, une espèce de pin,
Pin parasol, de préférence,
Qui saura prémunir contre l'insolation
Les bons amis venus fair' sur ma concession
D'affectueuses révérences.

11. Tantôt venant d'Espagne et tantôt d'Italie,
Tout chargés de parfums, de musiques jolies,
Le mistral et la tramontane
Sur mon dernier sommeil verseront les échos,
De villanelle un jour, un jour de fandango,
De tarentelle, de sardane...

12. Et quand, prenant ma butte en guise d'oreiller,
Une ondine viendra gentiment sommeiller
Avec moins que rien de costume,
J'en demande pardon par avance à Jésus,
Si l'ombre de ma croix s'y couche un peu dessus
Pour un petit bonheur posthume.

13. Pauvres rois, pharaons! Pauvre Napoléon!
Pauvres grands disparus gisant au Panthéon!
Pauvres cendres de conséquence!
Vous envierez un peu l'éternel estivant,
Qui fait du pédalo sur la vague en rêvant, } *bis*
Qui passe sa mort en vacances...

Trompe La Mort

Paroles et Musique de Georges Brassens

Bm F#7 Bm B7
C'est rien que de la co - mé - die, Que de la pa - ro - die.
Em A7 D B7
C'est pour ten - ter de cou - per court A l'a - van - ce du temps qui court,
Em A7 D B7
De per - sua - der ce vieux gou - jat Que tout le mal est fait dé - jà.
Em A7 D F#7
Mais des - sous la per - ru - que j'ai Mes vrais che - veux cou - leur de jais.

1. Avec cette neige à foison
Qui coiffe, coiffe ma toison,
On peut me croire à vue de nez
Blanchi sous le harnais.
Eh bien; Mesdames et Messieurs,
C'est rien que de la poudre aux yeux,
C'est rien que de la comédie,
Que de la parodie.
C'est pour tenter de couper court
A l'avance du temps qui court,
De persuader ce vieux goujat
Que tout le mal est fait déjà.
Mais dessous la perruque j'ai
Mes vrais cheveux couleur de jais.
C'est pas demain la veille, bon Dieu!
De mes adieux.

2. Et si j'ai l'air moins guilleret,
Moins solide sur mes jarrets,
Si je chemine avec lenteur
D'un train de sénateur,
N'allez pas dire "Il est perclus",
N'allez pas dire "Il n'en peut plus".
C'est rien que de la comédie,
Que de la parodie.
Histoire d'endormir le temps,
Calculateur impénitent,
De tout brouiller, tout embrouiller
Dans le fatidique sablier.
En fait, à l'envers du décor,
Comme à vingt ans, je trotte encore.
C'est pas demin la veille, bon Dieu!
De mes adieux.

3. Et si mon cœur bat moins souvent
Et moins vite qu'auparavant,
Si je chasse avec moins de zèle
Les gentes demoiselles,
Pensez pas que je sois blasé
De leurs caresses, leurs baisers
C'est rien que de la comédie,
Que de la parodie,
Pour convaincre le temps berné
Qu' mes fêtes galantes sont terminées,
Que je me retire en coulisse,
Que je n'entrerai plus en lice.
Mais je reste un sacré gaillard
Toujours actif, toujours paillard,
C'est pas demain la veille, bon Dieu!
De mes adieux.

4. Et si jamais au cimetière,
Un de ces quatre on porte en terre,
Me ressemblant à s'y tromper,
Un genre de macchabée,
N'allez pas noyer le souffleur
En lâchant la bonde à vos pleurs,
Ce sera rien que comédie,
Rien que fausse sortie.
Et puis, coup de théâtre, quand
Le temps aura levé le camp,
Estimant que la farce est jouée,
Moi tout heureux, tout enjoué,
Je m'exhumerai du caveau
Pour saluer sous les bravos.
C'est pas demain la veille, bon Dieu!
De mes adieux.

1/97(26756)